职业教育智能网联汽车技术创新与应用系列教材

智能网联汽车先进驾驶辅助系统原理及应用

中汽数据有限公司　组编

主　编　张宇飞　王春波　段佳冬
副主编　黄晓延　王　妍　李文娜
参　编　徐发达　田传印　于　尧　陈舒畅　刘　畅
　　　　付雯琳　刘　璐　杜曾宇　张　森　蒙锦珊　高新宇　李　硕
主　审　朱向雷

机械工业出版社

本书采用项目和典型工作任务的形式展开讲解，内容主要包括智能网联汽车先进驾驶辅助系统认知、预警类先进驾驶辅助系统的原理及应用、自主控制类先进驾驶辅助系统的原理及应用、改善视野类先进驾驶辅助系统的原理及应用4个项目。每个项目下还包含若干任务，每个任务以学习目标、知识准备和学习小结等进行基础知识的讲解，并配有单独的智能网联汽车先进驾驶辅助系统原理及应用实训的任务工单。

本书适合开设智能网联汽车方向专业的职业院校使用，也适用于各类培训机构，同时也可作为智能网联汽车从业人员学习的参考书。

为方便教学，本书配有电子课件，凡选用本书作为授课教材的教师可登录www.cmpedu.com以教师身份注册下载，或者加QQ1006310850咨询获取。

图书在版编目（CIP）数据

智能网联汽车先进驾驶辅助系统原理及应用/中汽数据有限公司组编；张宇飞，王春波，段佳冬主编. —北京：机械工业出版社，2022.7（2025.1重印）

职业教育智能网联汽车技术创新与应用系列教材

ISBN 978-7-111-70346-4

Ⅰ.①智⋯ Ⅱ.①中⋯ ②张⋯ ③王⋯ ④段⋯ Ⅲ.①汽车-智能通信网-自动驾驶系统-高等职业教育-教材 Ⅳ.①U463.67

中国版本图书馆CIP数据核字（2022）第042977号

机械工业出版社（北京市百万庄大街22号 邮政编码100037）
策划编辑：于志伟　　　　　责任编辑：于志伟
责任校对：闫玥红　张　薇　封面设计：张　静
责任印制：常天培
北京机工印刷厂有限公司印刷
2025年1月第1版第4次印刷
184mm×260mm·10.25印张·206千字
标准书号：ISBN 978-7-111-70346-4
定价：45.00元

电话服务　　　　　　　　网络服务
客服电话：010-88361066　机　工　官　网：www.cmpbook.com
　　　　　010-88379833　机　工　官　博：weibo.com/cmp1952
　　　　　010-68326294　金　书　网：www.golden-book.com
封底无防伪标均为盗版　　机工教育服务网：www.cmpedu.com

前　言

随着智能网联汽车的技术发展和应用落地，搭载先进驾驶辅助系统已成为现代汽车的潮流，比如自动泊车、车道保持、自适应巡航等功能已应用到不同品牌的量产车中，先进驾驶辅助系统正在改变和影响着人们的出行体验。

本书是结合当前智能网联汽车的发展应用实际情况，从预警类、自主控制类和改善视野类等方面进行关键技术原理及应用的讲解，主要培养学生对先进驾驶辅助系统的种类、技术路线、工作原理及方法的掌握，满足实际工作岗位中的技能需求。

本书采用项目和典型工作任务的形式展开讲解，共包含4个项目。项目一是智能网联汽车先进驾驶辅助系统认知，介绍了智能网联汽车基础概念和先进驾驶辅助系统的定义及应用；项目二是预警类先进驾驶辅助系统的原理及应用，对前向碰撞预警系统、车道偏离预警系统、盲区监测系统、驾驶人疲劳预警系统的原理及应用进行详细描述；项目三是自主控制类先进驾驶辅助系统的原理及应用，主要对车道保持辅助系统、自动制动辅助系统、自适应巡航控制系统、自动泊车辅助系统的原理及应用进行详细描述；项目四是改善视野类先进驾驶辅助系统的原理及应用，主要从自适应前照明系统、夜视系统、抬头显示系统、全景泊车系统的原理及应用进行详细描述。

本书按照"校企融合"的模式联合开发，由中汽数据有限公司和长春汽车工业高等专科学校共同编写完成，张宇飞、王春波、段佳冬担任主编，黄晓延、王妍、李文娜担任副主编，参与编写的还有徐发达、田传印、于尧、陈舒畅、刘畅、付雯琳、刘璐、杜曾宇、张森、蒙锦珊、高新宇和李硕，朱向雷担任主审。本书采用了理实一体化和信息化的教学方式，对部分难以理解的内容配置二维码视频进行讲解，并配备了教学课件和实训工单等教学资源，适合开设智能网联汽车相关专业的院校使用，也适用于各类培训机构。

由于编者水平有限，书中难免有错漏之处，敬请读者批评指正。

编　者

二维码清单

名　称	图　形	名　称	图　形
全景泊车系统工作原理		全景泊车系统特点	
前向碰撞预警系统工作原理		前向碰撞预警系统组成	
抬头显示系统工作原理		抬头显示系统调试	
智能网联汽车定义		汽车夜视辅助系统工作原理	
汽车夜视辅助系统调试		汽车自适应前照明系统安装	
汽车自适应前照明系统工作原理		盲区监测系统的应用	

（续）

名　　称	图　形	名　　称	图　形
盲区监测系统工作原理		自动制动辅助系统工作原理	
自动制动辅助系统类型		自动制动辅助系统组成	
自动泊车辅助系统工作原理		自动泊车辅助系统调试	
自适应巡航控制系统应用		自适应巡航控制系统组成	
车道保持辅助系统工作原理		车道偏离预警系统安装	
车道偏离预警系统工作原理		车道偏离预警系统应用	
驾驶人疲劳预警系统特点		驾驶人疲劳预警系统的工作原理及应用	

目 录

前言

二维码清单

项目一　智能网联汽车先进驾驶辅助系统认知 ········· 1

　　任务一　智能网联汽车技术基础认知 ············ 1
　　任务二　智能网联汽车先进驾驶辅助系统认知 ······ 7

项目二　预警类先进驾驶辅助系统的原理及应用 ······· 16

　　任务一　前向碰撞预警系统的原理及应用 ········· 16
　　任务二　车道偏离预警系统的原理及应用 ········· 25
　　任务三　盲区监测系统的原理及应用 ············ 32
　　任务四　驾驶人疲劳预警系统的原理及应用 ······· 35

项目三　自主控制类先进驾驶辅助系统的原理及应用 ···· 42

　　任务一　车道保持辅助系统的原理及应用 ········· 42
　　任务二　自动制动辅助系统的原理及应用 ········· 47
　　任务三　自适应巡航控制系统的原理及应用 ······· 52
　　任务四　自动泊车辅助系统的原理及应用 ········· 58

项目四　改善视野类先进驾驶辅助系统的原理及应用 ···· 67

　　任务一　自适应前照明系统的原理及应用 ········· 67
　　任务二　夜视系统的原理及应用 ··············· 77
　　任务三　抬头显示系统的原理及应用 ············ 82
　　任务四　全景泊车系统的原理及应用 ············ 88

参考文献 ·· 98

智能网联汽车先进驾驶辅助系统原理及应用任务工单

项目一 智能网联汽车先进驾驶辅助系统认知

情景导入

伴随着国家的日益强大，我国的汽车工业也从零基础发展至每年产销近 3000 万辆，连续九年蝉联全球第一。目前，我国已成为世界第一汽车大国，创造了全球汽车发展史的奇迹。预计到 2025 年，我国汽车保有量将达到 3 亿辆，千人保有量达到 210 辆，如图 1-1 所示。

图 1-1 我国汽车的保有量

智能网联汽车是新一轮科技革命背景下的新兴产品，能够有效改善交通拥堵，实现交通安全和节能减排，提高交通效率。与此同时，拉动汽车、电子、通信、服务和社会管理等行业协同发展，对促进汽车产业转型升级具有重大战略意义。

任务一 智能网联汽车技术基础认知

学习目标

1. 掌握智能网联汽车的定义
2. 了解智能网联汽车的分级
3. 了解智能网联汽车的发展概况

一、智能网联汽车的定义及分级

1. 智能网联汽车的定义

智能网联汽车,即 ICV(Intelligent Connected Vehicle),从狭义上讲,是指车联网与智能汽车的有机联合,搭载先进的传感器、控制器和执行器等装置,并融合现代通信与网络技术,实现车与人、车、路、云端等智能信息的交换共享,具备环境感知、智能决策和协同控制等功能,实现安全、舒适、节能、高效行驶,并最终可替代人来操作的新一代汽车。

从广义上讲,智能网联汽车是以车辆为主体和主要节点,融合现代通信和网络技术,使车辆与外部节点实现信息共享和协同控制,是由车辆、道路基础设施、通信设备、交通控制系统以及数据与处理系统等共同构成的综合协调系统,是实现车辆安全、有序、高效、节能行驶的新一代多车辆系统。

智能网联汽车与智能汽车、网联汽车、自动驾驶汽车、无人驾驶汽车密切相关,智能网联汽车发展的终极目标是无人驾驶汽车。

(1) 智能汽车 所谓"智能汽车",就是在普通车辆的基础上增加了先进的传感器(雷达、摄像)、控制器和执行器等装置,通过车载传感系统和信息终端实现与人、车、路等的智能信息交换,使车辆具备智能的环境感知能力,能够自动分析车辆行驶的安全及危险状态,并使车辆按照人的意愿到达目的地,最终实现替代人来操作的目的。

目前典型的智能汽车是具有先进驾驶辅助系统(ADAS)的车辆,如预警类先进驾驶辅助系统、自主控制类先进驾驶辅助系统、改善视野类先进驾驶辅助系统等。

(2) 网联汽车 网联汽车是指基于通信网络建立的车与车、车与网络中心、车与交通系统等服务中心之间的连接,甚至可以是车与住宅、车与办公室、车与道路基础设施等之间的连接,即车内互联与车外互联,实现人-车-环境的信息交互与共享。

(3) 自动驾驶汽车 自动驾驶汽车是指将各种智能辅助系统加入汽车中,让汽车能完成特定的"自动驾驶"动作,比如变道、超车等单一化的动作,也就是让汽车变得智能化。但是自动驾驶汽车与智能汽车又有所区别,自动驾驶除了实现驾驶辅助的基本功能外,还允许驾驶人将注意力从交通路况和控制车辆的思想中解放出来做其他事情。但是驾驶人仍然需要坐在车里,在自动驾驶尚未启动或者退出时控制车辆。

(4) 无人驾驶汽车 无人驾驶汽车是通过车载传感系统感知道路环境,自动规划行车路线并控制车辆到达预定目标的智能汽车。

无人驾驶汽车是利用车载传感器来感知车辆周围环境,并根据所获得的道路、车

项目一　智能网联汽车先进驾驶辅助系统认知

辆位置和障碍物信息,控制车辆的航向和速度,从而使车辆能够安全、可靠地在道路上行驶。无人驾驶汽车是集自动控制、体系结构、人工智能和视觉计算等众多技术于一体。

无人驾驶汽车可以在限定的环境乃至开放环境下完成全部的驾驶任务,而不需要人为操控;无人驾驶汽车与智能汽车相比,具有更先进的环境感知系统、中央决策系统以及底层控制系统。无人驾驶汽车是汽车智能化和网联化的终极发展目标,也是未来汽车发展的方向。

2. 智能网联汽车的分级

(1) 智能网联汽车智能化等级　我国将智能网联汽车智能化分为5个等级,1级为驾驶辅助(Driver Assistance,DA),2级为部分自动驾驶(Partially Autonomous,PA),3级为有条件自动驾驶(Conditional Autonomous,CA),4级为高度自动驾驶(Highly Autonomous,HA),5级为完全自动驾驶(Fully Autonomous,FA),详见表1-1。

表1-1　智能网联汽车智能化等级

智能化等级	名称	定义	控制	监视	失效应对	典型路况
1	驾驶辅助(DA)	系统根据环境信息对行驶方向和加减速中的一项操作提供支援,其他驾驶操作都由驾驶人完成	驾驶人与系统	驾驶人	驾驶人监控驾驶环境	驾驶人	车道内正常行驶;高速公路无车道路段;泊车工况
2	部分自动驾驶(PA)	系统根据环境信息对行驶方向和加减速中的多项操作提供支援,其他驾驶操作由驾驶人完成					高速公路及市区无车道路段;换道、环岛绕行、拥堵跟车等工况
3	有条件自动驾驶(CA)	由自动驾驶系统完成所有驾驶操作,根据系统请求,驾驶人需要提供适当的干预	系统	系统	自动驾驶系统监控驾驶环境	系统	高速公路;市区无车道路段
4	高度自动驾驶(HA)	由自动驾驶系统完成所有驾驶操作,特定环境下系统会向驾驶人提出响应请求,驾驶人可以对系统请求不进行响应					高速公路及市区有车道路段
5	完全自动驾驶(FA)	自动驾驶系统可以完成驾驶人能够完成的所有道路环境下的操作,不需要驾驶人介入					所有行驶路况

智能化等级越高,智能网联汽车的自动化程度就越高。目前已经量产的汽车产品,智能化水平基本停留在1级和2级,部分实验室阶段的产品可达到3级和4级。

（2）智能网联汽车网联化等级　智能网联汽车网联化分为3个等级，1级是网联辅助信息交互，2级是网联协同感知，3级是网联协同决策与控制，详见表1-2。

表1-2　智能网联汽车网联化等级

网联化等级	名称	定义	控制操作	控制信息	传输需求
1	网联辅助信息交互	车-路、车-云端通信，实现导航等信息的获取以及车辆行驶数据与驾驶人操作等数据的上传	驾驶人	交通标志、油耗、里程、驾驶习惯等	较低的实时性、可靠性
2	网联协同感知	车-车、车-路、车-人、车-云端通信，实时获取车辆周边交通环境信息，与车载传感器的感知信息融合，作为车辆决策与控制系统的输入	驾驶人与系统	周边车辆、行人、非机动车位置、信号灯、道路预警等信息	较高的实时性、可靠性
3	网联协同决策与控制	车-车、车-路、车-人、车-云端通信，实时获取车辆周边交通环境信息及车辆决策信息，信息之间可以进行交互融合，形成协同决策与控制		车-车、车-路之间的协同控制信息	实时性、可靠性最高

网联化等级越高，智能网联汽车的网联化程度就越高。目前，已经量产的汽车产品的网联化水平最高停留在1级，部分实验室阶段的产品可达到2级。

（3）SAE对自动驾驶的分级　2018年，美国汽车工程学会（SAE）对汽车自动驾驶进行分级修订，详见表1-3。

表1-3　SAE对自动驾驶的分级

分级		L0	L1	L2	L3	L4	L5
名称		无自动化	驾驶支持	部分自动化	有条件自动化	高度自动化	完全自动化
描述		驾驶人负责驾驶汽车，在行驶过程中汽车可以发出警告	通过周边环境支持转向盘和加减速中的一项，其余由驾驶人进行操作	通过周边环境支持转向盘和加减速中的多项，其余由驾驶人进行操作	由无人驾驶系统完成驾驶操作，驾驶人根据系统要求提供应答	由无人驾驶系统完成驾驶操作，驾驶人根据系统要求适当提供应答；限定平坦道路和良好环境	由无人驾驶系统完成驾驶操作，驾驶人可以在特定情况接管；不限定道路和环境
主体	驾驶操作	驾驶人	驾驶人/系统	系统	系统	系统	系统
	周边监控	驾驶人	驾驶人	驾驶人	系统	系统	系统
	支援	驾驶人	驾驶人	驾驶人	驾驶人	系统	系统

自动驾驶系统通常是在L3~L5级，随着层级的提高，对系统的要求也随之提高。自动驾驶覆盖L1~L5级整个阶段，在L1级、L2级阶段，汽车的自动驾驶系统只作

为驾驶人的辅助,但能够持续地承担汽车横向或者纵向某一方面的自主控制,完成感知、决策、控制、执行这一完整过程。

智能驾驶包括自动驾驶以及其他驾驶辅助技术,它们能够在某一环节为驾驶人提供辅助甚至能够代替驾驶人,优化驾车体验。

二、智能网联汽车的发展概况

(1)智能网联汽车发展的总体思路

1)近期推进以自主环境感知为主,推进网联信息服务为辅的部分自动驾驶(即 PA 级)应用。

2)中期重点形成网联式环境感知能力,实现可在复杂工况下的半自动驾驶(即有条件驾驶 CA 级)。

3)远期推动可实现 V2X 协同控制,具备高度/完全自动驾驶功能的智能化技术,这是智能网联汽车的发展目标、技术路径和技术重点。

(2)智能网联汽车发展的目标

1)用 15 年左右的时间使完全自动驾驶汽车具备商业化条件。

2)以减少道路交通事故为优先目标,从驾驶安全支持、自动驾驶以及道路交通数据应用 3 方面快速推进。

三、智能网联汽车发展的重点产品

(1)基于网联的车载智能信息服务系统(图 1-2) 在现有远程信息服务系统的基础上,为驾驶和出行提供交通、资讯、车辆运行状态及智能控制等信息服务,突出信息化和人机交互。

图 1-2 车载智能信息服务系统

(2)驾驶辅助级智能汽车(图 1-3) 基于车载传感器实现智能驾驶辅助,可提醒驾驶人干预车辆,突出安全性和便利性,驾驶人仍需要对车辆保持应有的控制。

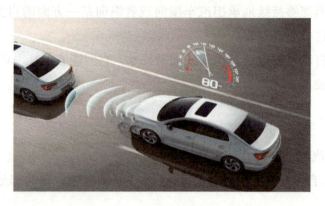

图 1-3　驾驶辅助级智能汽车

（3）部分或高度自动驾驶级智能汽车（图 1-4）　乘用车突出舒适性、便利性、高效机动性和安全性，实现网联信息的安全管理；商用车以网联智能管理和编队控制技术突破为主，提高运输车辆的运行效率、经济性、安全性和便利性。

图 1-4　高度自动驾驶级智能汽车

（4）完全自动驾驶级智能汽车（图 1-5）　基于多源信息融合、多网融合，利用人工智能、数据挖掘及自动控制技术，配合智能环境和辅助设施实现自主驾驶。

图 1-5　完全自动驾驶级智能汽车

项目一　智能网联汽车先进驾驶辅助系统认知　　7

任务二　智能网联汽车先进驾驶辅助系统认知

学习目标

1. 掌握先进驾驶辅助系统的定义
2. 了解先进驾驶辅助系统的类型
3. 了解先进驾驶辅助系统的应用

知识准备

一、先进驾驶辅助系统的定义

智能网联汽车先进驾驶辅助系统是利用环境感知技术采集汽车、驾驶人和周围环境的动态数据并进行分析处理，通过提醒驾驶人或执行器介入汽车操作，以实现驾驶安全性和舒适性的一系列技术的总称，如图1-6所示。

图1-6　智能网联汽车先进驾驶辅助系统

先进驾驶辅助系统遵循"感知预警—主动控制—无人驾驶"的发展路线。先进驾驶辅助技术作为无人驾驶的过渡形态，其系统构成可以根据功能分为感知、控制和执行等模块。而车企在实际技术研发测试中，感知模块是最先发展成熟的，主要应用于汽车的感知预警功能中，对驾驶人未察觉到的危险交通和道路情况进行警告，或者可以辅助驾驶人的驾驶行为，改善其驾驶感受。

二、先进驾驶辅助系统的类型

先进驾驶辅助系统按照环境感知系统的不同可以分为自主式和网联式两种。

1. 自主式先进驾驶辅助系统

自主式先进驾驶辅助系统基于车载传感器完成环境感知，依靠车载中央控制系统进行分析决策，技术相对成熟，多数已经装备量产车型。

自主式先进驾驶辅助系统按照功能可以分为自主预警类、自主控制类和改善视野类等。

（1）自主预警类　自主预警类是指系统可以自动监测车辆可能发生的碰撞危险并进行提醒，从而防止发生危险或减轻事故伤害，见表1-4。

表1-4　自主预警类先进驾驶辅助系统

系统名称	功能介绍	图示	使用车型
前向碰撞预警系统	识别潜在的危险情况，并通过系统提醒帮助驾驶人避免或减轻碰撞事故的伤害		日产楼兰
车道偏离预警系统	当车辆可能偏离车道前给予驾驶人提示，减少因车道偏离发生的事故		现代全新胜达、陆风X7
盲区监测系统	监测盲区内行驶的车辆或行人	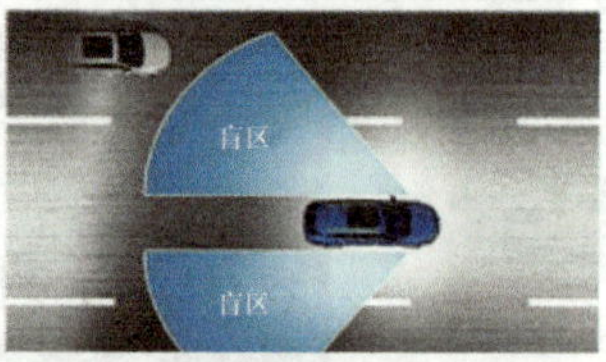	沃尔沃XC60、奥迪Q5
驾驶人疲劳预警系统	推断驾驶人的疲劳状态，给予报警提示或采取措施	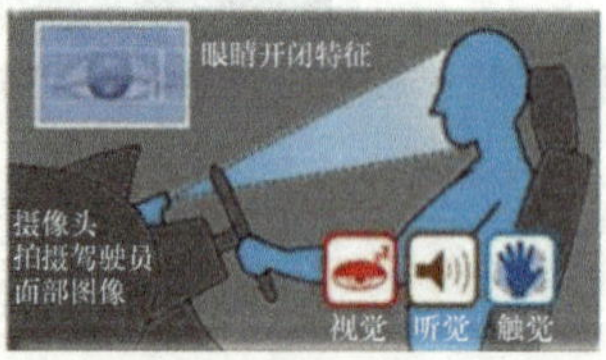	哈弗H9、大众途观

（2）自主控制类　自主控制类是指系统可以自动监测车辆可能发生的碰撞危险并发出提醒，必要时系统会主动介入，从而防止发生危险或减轻事故伤害，见表1-5。

表1-5　自主控制类先进驾驶辅助系统

系统名称	功能介绍	图示	使用车型
车道保持辅助系统	修正即将越过车道标线的车辆，使车辆保持在车道线内		奥迪Q3、JEEP自由光

（续）

系统名称	功能介绍	图示	使用车型
自动制动辅助系统	当车辆与前车处于危险距离时，主动产生制动效果让车辆减速或紧急停车，减少因距离过短而发生的事故		丰田汉兰达、日产逍客
自适应巡航控制系统	使车辆始终与前车保持安全距离		福特锐界、丰田汉兰达
自动泊车辅助系统	自动泊车入位	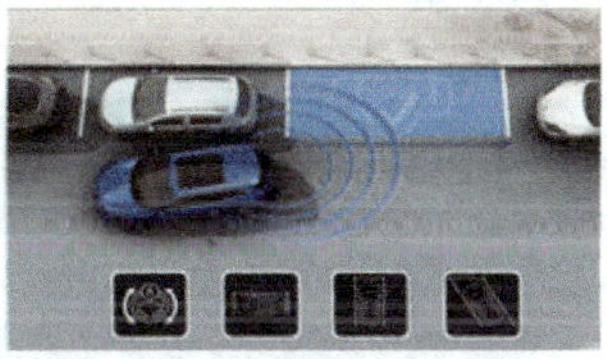	福特翼虎、日产奇骏

（3）改善视野类　改善视野类是指系统可以帮助提高在视野较差环境下的行车安全性，见表1-6。

表1-6　改善视野类先进驾驶辅助系统

系统名称	功能介绍	图示	使用车型
自适应前照明系统	自动调节前照明系统的工作模式		丰田RAV4、沃尔沃XC60
夜视系统	夜晚时借助热成像系统，呈现行人或动物	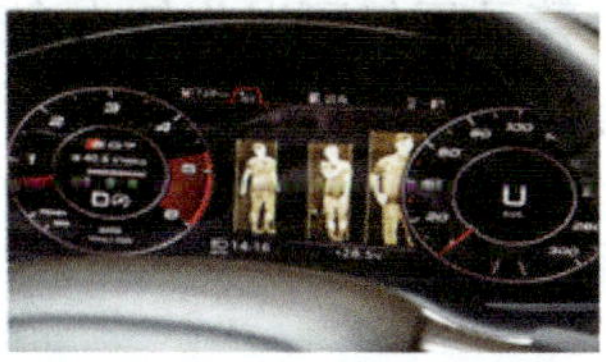	纳智捷优6
抬头显示系统	将汽车驾驶辅助信息、导航信息、先进驾驶辅助系统信息等以投影方式显示在前方，便于阅读		宝马7、大众辉昂

(续)

系统名称	功能介绍	图示	使用车型
全景泊车系统	360°全景提示		哈弗 H8、吉利豪情 SUV

2. 网联式先进驾驶辅助系统

网联式先进驾驶辅助系统是指依靠 V2X 通信技术对车辆周边环境进行感知，并可对周围车辆未来发生情况进行预测，进而对驾驶人进行驾驶操作辅助的系统，如图 1-7 所示。通过现代通信与网联技术，汽车、道路、行人等交通参与者都已经不再是独立的个体，而是智能交通系统中的信息环节。

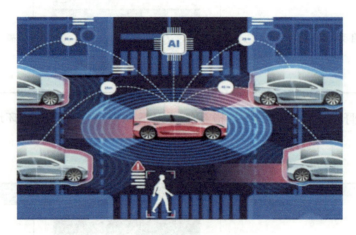

图 1-7 网联式先进驾驶辅助系统

网联式先进驾驶辅助系统的功能主要有交通拥堵提醒、闯红灯警示、弯道车速警示、减速区警示、限速交通标志警示、现场天气信息警示、违反停车标志警示、违规穿过铁路警示、过大车辆警告灯。警示不仅可以告知本车驾驶人，而且可以通过 V2X、V2I 网联警示附近的车辆，从而减少碰撞事故。

三、先进驾驶辅助系统的应用

1. 前向碰撞预警系统

搭载有前向碰撞预警系统的车型较多，应用广泛，并通常与辅助制动系统共同工作，以免在预警不及时或预警未被驾驶人采纳的情况下发生追尾碰撞，提高行车的安全性和舒适性，如图 1-8 所示。

吉利汽车已经在帝豪 GL、帝豪 GS、博越、博瑞部分车型中配置搭载前向碰撞预警系统，并称之为城市预碰撞安全系统。该系统主要通过前保险杠下方的中程毫米波雷达扫描前方路面，当前方车辆突然制动或减速，同时驾驶人未及时做出反应的情况下，前向碰撞预警系统会主动提醒驾驶人制动或自动制动，以避免碰撞发生。同时，在制动过程中系统会检测制动力与前车距离的关系，在制动不足的情况下进行辅助制动，最大限度地避免碰撞发生。

图1-8　前向碰撞预警系统

2. 车道偏离预警系统

随着技术的发展，车道偏离预警系统逐渐应用于更多车型，但是不同车型的开启方式不同，有些可在行车全程自动开启，有些需要手动开启，有些则需要在车速达到一定条件后才能自动开启，如图1-9所示。

图1-9　车道偏离预警系统

福特的新蒙迪欧中配备了车道偏离预警系统，该系统在车辆每次起动后便会自动开启，驾驶人可以选择手动关闭或再次开启。当驾驶人在未开启转向灯的情况下，系统判定驾驶人对于即将越过的车道线变道情况没有采取修正转向时，会在仪表盘中发出提醒。

3. 盲区监测系统

盲区监测系统（图1-10）可以避免行车安全隐患，提高车辆行驶安全性，许多汽车厂商都推出了各自的盲区监测系统，如奥迪 A8、奥迪 A4、沃尔沃 S40、东风标致 508/408 等。不同汽车厂商的盲区监测系统各具特色，命名也不尽相同，其主要差异在于所用的环境感知传感器不同，预警显示单元的反应不同。

图 1-10　盲区监测系统

4. 驾驶人疲劳预警系统

驾驶人疲劳预警系统可以推断驾驶人疲劳状态，比亚迪 G6 配备的疲劳驾驶预警系统基于驾驶人生理图像反应，利用驾驶人的面部特征、眼部信号、头部运动性等推断驾驶人的疲劳状态，进行提示报警或采取相应的辅助措施，如图 1-11 所示。

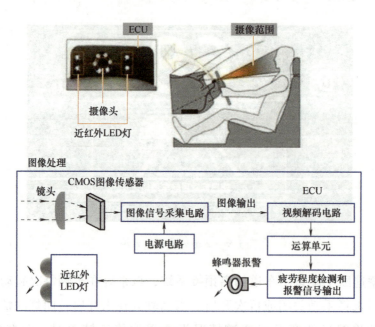

图 1-11　驾驶人疲劳预警系统

5. 车道保持辅助系统

车道保持辅助系统目前已经在较多车型中装配，不仅提高了行车的安全性，也使驾驶人养成了变道主动开启转向灯的习惯，如图 1-12 所示。日系车中的 LKAS 的配置率较高，如日产、丰田、本田等品牌。

图 1-12　车道保持辅助系统

6. 自动制动辅助系统（图 1-13）

沃尔沃 CWAB 系统以摄像头和雷达同时探测，雷达负责探测车辆前方 150m 内的范围，摄像头负责探测前方 55m 内的车辆动态。当与前车距离过近或者路中间有行人时，会通过类似于制动灯的警告灯亮起，提醒驾驶人注意。如果发出警示后碰撞的风险仍然在增加，制动支持功能会被激活。如果驾驶人没有实施制动而系统预见碰撞即将发生，制动器将被激活，自动采取制动措施。

图 1-13　自动制动辅助系统

7. 自适应巡航控制系统

汽车自适应巡航控制（ACC）系统通过对汽车纵向运动进行自动控制，以减轻驾驶人的劳动强度，保障行车安全，并通过方便的方式为驾驶人提供辅助支持，如图 1-14 所示。

沃尔沃汽车通过前风窗玻璃的摄像头以及隐藏在前格栅内的雷达来监测前方路况，在

图 1-14　自适应巡航控制系统

速度超过 30km/h 时，按下转向盘上的起动键，就可以激活汽车自适应巡航控制系统。当前方有车辆时，自动跟着前方车辆行驶，但不会超过设定速度，如果前方没有车辆，就按照设定的速度行驶。

本项目重点在于基本概念的认知，包括智能网联汽车的基本定义与技术分级、技术架构、发展趋势，以及先进驾驶辅助系统的定义、类型与相关应用。通过本项目的学习，学生能够掌握智能网联汽车的基本概念与技术分级，掌握先进驾驶辅助系统的基本概念与类型，了解智能网联汽车的技术架构、发展趋势、先进驾驶辅助系统的相关应用。

一、不定项选择题

1. 不属于自动驾驶汽车的是（　　）

A. L0 级　　　　B. L1 级　　　　C. L2 级　　　　D. L3 级

2. 属于无人驾驶汽车的是（　　）

A. L1 级　　　　B. L2 级　　　　C. L3 级　　　　D. L4 级

3. 我国把智能网联汽车的智能化分为（　　）个等级

A. 3　　　　　　B. 4　　　　　　C. 5　　　　　　D. 6

二、填空题

1. 智能网联汽车发展的终极目标是_____。

2. 我国把智能网联汽车智能化分为 5 个等级，1 级为_____，2 级为_____，

3 级为_____，4 级为_____，5 级为_____。

3. 智能网联汽车网联化分为 3 个等级，1 级是_____，2 级是_____，3 级是_____。

三、思考题

1. 什么是智能汽车？
2. 什么是网联汽车？
3. 什么是自动驾驶汽车？
4. 什么是无人驾驶汽车？

项目二 预警类先进驾驶辅助系统的原理及应用

 任务一 前向碰撞预警系统的原理及应用

情景导入

在驾驶汽车的过程中，由于驾驶人对于前向路况预估不准确或者疲劳驾驶很容易造成车辆追尾、与行人碰撞等重大交通事故。为了减少此类交通事故的发生，帮助驾驶人减轻前向驾驶负担，在车辆上配备前向碰撞预警系统（图2-1），可以有效帮助驾驶人进行驾驶。前向碰撞预警系统像第三只眼一样帮助驾驶人，持续不断地检测车辆前方道路状况，系统可以识别、判断各种潜在的危险情况，并通过不同的声音和视觉提醒，以帮助驾驶人避免或减轻碰撞事故造成的伤害。

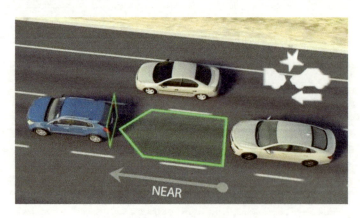

图2-1 前向碰撞预警系统示意图

1. 掌握前向碰撞预警系统的作用
2. 了解前向碰撞预警系统的组成

项目二　预警类先进驾驶辅助系统的原理及应用

3. 了解前向碰撞预警系统的特点
4. 掌握前向碰撞预警系统的工作原理
5. 掌握前向碰撞预警系统的安装与调试技能

一、前向碰撞预警系统的认知

据相关统计数据表明，由于驾驶人的主观因素导致的交通事故占比最高，若在交通事故发生前的1.5s给驾驶人发出预警，可避免90%的碰撞事故，大大减少交通事故造成的伤害。而汽车前向碰撞预警系统就是通过各种传感器，比如摄像头、雷达等，实时检测车辆周围的物体，并检测目标车辆距离本车的距离。当安全距离小于阈值时，则发出警报提示驾驶人，有效降低交通事故的发生。

前向碰撞预警系统（FCW）能够通过雷达系统时刻监测前方车辆，判断本车与前车之间的距离、方位及相对速度，当存在潜在碰撞危险时，对驾驶人进行警告，前方配装预警系统本身不会采取任何制动措施去避免碰撞或控制车辆。

1. 前向碰撞预警系统的结构

前向碰撞预警系统由信息采集、电子控制和人机交互3个单元组成，如图2-2所示。

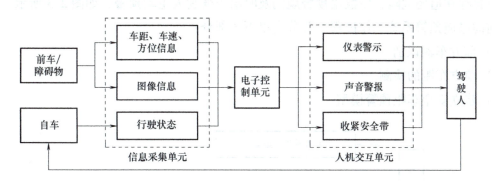

图2-2　前向碰撞预警系统的组成及控制逻辑

（1）信息采集单元　信息采集单元主要利用毫米波雷达和视觉传感器采集目标车辆和障碍物的信息，毫米波雷达采集目标车辆的车速、方位角以及与前车距离等信息，视觉传感器采集目标车辆或者障碍物的图像信息，利用自车（配有前向碰撞预警系统的车辆）的车速传感器和加速度传感器采集自车速度和加速度等信息。

（2）电子控制单元　电子控制单元主要对目标车辆和障碍物的车速、车距、方位角及图像信息进行信息融合处理，得到障碍物的距离、速度及类型，结合自车行驶状态信息，进行信息处理，通过控制算法，确定目前车辆状态是否是危险状态，若存在碰撞风险，就会通过警报系统向驾驶人发出警报。

(3) 人机交互单元　人机交互单元主要是显示目前车辆状态，接收电子控制单元的指令，当处于危险状态时，会通过仪表显示、声音、转向盘振动等方式进行预警。驾驶人接收预警信息并对自车采取制动行为后，若碰撞风险消失，则碰撞警告取消；若驾驶人未采取行动，接近碰撞临界点时，自动制动辅助系统会介入工作，使自车进行主动制动。

2. 前向碰撞预警系统的特点

前向碰撞预警系统主要是利用车载传感器（如视觉传感器、毫米波雷达等）实时监测前方车辆，判断本车与前车之间的距离、相对速度及方位，当系统判断存在潜在危险时，将对驾驶人进行警告，提醒驾驶人进行制动，保障行车安全。

前向碰撞预警系统最大特点是作为一种主动安全技术，是基于车辆检测的精确度、需要的时间和适用场景来共同决定性能指标的预警系统，还具备实时安全性、检测目标单向性、检测目标多元化等优点。他的缺点在于只能对前向的目标车辆或者障碍物采取动作，对于侧向车辆和障碍物并没有直接探测，需要结合其他安全驾驶辅助系统，才能满足完全安全驾驶的要求。

二、前向碰撞预警系统的工作原理

通过分析传感器获取的前方道路信息对前方车辆进行识别和跟踪，如果有车辆被识别出来，则对前方车距进行测量；同时利用车速估计，根据安全车距预警模型判断追尾可能，一旦存在追尾危险，便根据预警规则及时给予驾驶人主动预警，如图2-3所示。

前向碰撞预警系统工作过程主要分为以下3部分：

1）前方车辆识别。
2）前方车距的检测。
3）建立安全车距预警模型。

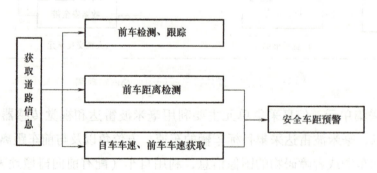

图2-3　前向碰撞预警系统工作原理

1. 77GHz 毫米波雷达认知与工作原理

（1）77GHz 毫米波雷达认知　如今，业界为了实现自动驾驶，将寄希望于多传感器融合。但是无论采用分布式、集中式还是分布集中融合式，77GHz 毫米波雷达是必不可少的。目前，汽车中常用的视觉传感器价格便宜，但获取信息局限；激光雷达受环境限制较小，精度和准确度高但价格昂贵；与其相比，毫米波雷达不仅具备深度信息可以提供目标的距离，还可以基于多普勒频移提取目标的速度，毫米波雷达成本更容易被接受。

目前，汽车安装的雷达传感器数量也在不断增加，一般来说至少要1长（LRR）+4中短（SRR）共5个毫米波雷达，中短毫米波雷达主要以24GHz为主，而长程雷达必须是77GHz。相比较于24GHz毫米波雷达而言，77GHz毫米波雷达优势在于：在同时满足高传输功率和宽工作带宽，77GHz毫米波雷达可以做到长距离探测和高距离分辨率；77GHz在物体分辨率、测速和测距精确度具有显著优势；77GHz雷达体积更小，其波长不到24GHz的三分之一，所以收发天线面积大幅减小，整个雷达尺寸有效下降。

（2）77GHz毫米波雷达工作原理　调频连续波雷达系统（FMCW），主要包括收发天线、射频前端、调制信号、混频器和信号处理模块等，如图2-4所示。毫米波雷达包含获取信息、调制信息、传输信息等过程，通过接收信号和发射信号的相关处理实现对目标的探测距离、方位、相对速度。目前，77GHz毫米波雷达系统方案都已经实现了高度集成化。

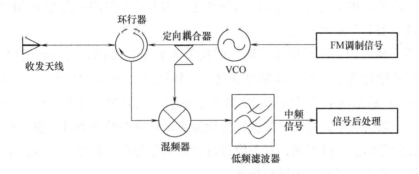

图2-4　FMCW汽车毫米波防碰撞雷达系统原理图

射频收发前端是雷达系统的核心部件。国内外已经对前端进行了大量深入研究，并取得了长足的进步。目前已经研制出各种结构的前端，主要包括波导结构前端、微带结构前端以及前端的单片集成。国内研制的射频前端主要是波导结构前端。一个典型的射频前端主要包括线性压控振荡器（VCO）、环行器和平衡混频器3部分。前端混频输出的中频信号经过中频放大送至后级数据处理部分。数据处理部分的基本目标是消除不必要信号（如杂波）和干扰信号，并对经过中频放大的混频信号进行处理，从信号频谱中提取目标距离和速度等信息。

调制信号通过压控振荡器产生GHz级别高频信号，再经耦合器一部分耦合到混频器作为本振信号，一部分耦合到环行器由天线以电磁波形式发射。

混频器的主要作用是将目标反射回来的回波信号经环行器放大后，在混频器与本振信号进行混频，得到差频信号（包含目标的相对距离、速度和方位信息）。

信号后处理一般对信号进行快速傅里叶变换，进行频谱分析，将获得的距离、速度和方位信息给汽车控制判断。

最新的77GHz雷达系统方案一般都已经实现了高度集成化，射频、调制等电路都集成到一颗MMIC芯片（单片式微波集成电路 Monolithic Microwave Integrated Circuit），则雷达系统主要包括天线PCB板（板上天线）、MMIC收发器和数字信号处理模块。MMIC具有电路损耗低、噪声小、频带宽、动态范围大、功率大、抗电磁辐射能力强等特点。它包括多种功能电路，如低噪声放大器（LNA）、功率放大器、混频器、检波器、调制器、压控振荡器、移相器等。

新的77GHz MMIC芯片一般选择CMOS工艺。CMOS制程是77GHz雷达的后起之秀，它的优势在于功耗低，数字电路属性便于微型化集成，而缺点就是噪声较大，动态范围较小。从市场角度，消费者更喜欢外观漂亮的产品，所以在主机车厂做工业设计的时候，不希望外观受雷达影响。所以在性能过关的前提下，体积更小的雷达会更受青睐。同时，基于CMOS工艺，也有方案把MMIC和数字处理芯片再做集成，实现单芯片77GHz雷达方案。

2. 障碍物距离信息获取与处理

对前方车辆障碍物距离信息的获取与处理主要涉及三个阶段：前方车辆的识别、前方车距的检测以及安全车距预警模型。

（1）前方车辆的识别　对前方车辆障碍物的识别是首要的，可以通过单个传感器或者多传感器相互融合进行识别（如单目视觉、立体视觉、毫米波雷达等）。ADAS公司米乐视（Mileview）就是基于单目视觉方法解决了车辆识别问题，该方法算法简单且具有高效的实时性。一般情况下，将特征信息作为检测车辆边缘的约束条件，包含车辆形状、车高与车宽的比例等信息，接下来，对图像进行边缘增强处理后获得一些包含车辆信息的水平和垂直边缘，从而实现对车辆进行检测。

单目摄像头的算法虽被广泛使用且具备显著特点，但单目视觉方法易受到外界环境因素（如光照、阴影等）的影响致使可靠性下降。近年来，立体视觉兴起，直接模拟了人类视觉处理景物的方式，通过从多个视点观察同一景物，以获取在不同视角下的感知图像，但现有的立体视觉技术还不太成熟，研究热度远不如单目视觉。另外，采用多传感器信息融合技术也是当前研究的主流，常见的有视觉与激光传感器的融合以及视觉与毫米波雷达传感器的融合，虽突破了单一传感器的局限性，但多传感器的缺点除了成本高昂外，计算较为复杂造成实时性差也是当前面临的瓶颈问题。

车辆识别算法流程图如图2-5所示。

（2）前方车距的检测　可以通过车载传感器（如超声波传感器、毫米波雷达、激光雷达、视觉传感器等）实现车距的实时监测，在行车的过程中通过距离检测传感实时获取目标障碍物的距离信息，并将此传输给电子控制单元进行处理。

其中，超声波传感器只适合于短距离测距（如倒车雷达），超声波测距原理简单、成本最低，但其测距精准性受室外温度影响大，衰减快。实际车距检测应用中，常用的是毫米波雷达和视觉传感器方法，相比较而言，视觉测距所需的算法比较复杂，通常有单目视

项目二 预警类先进驾驶辅助系统的原理及应用

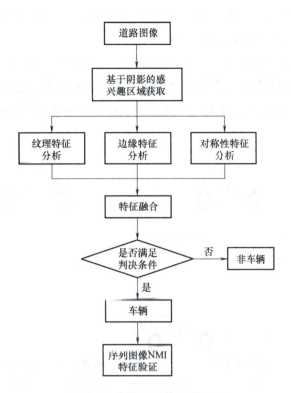

图 2-5　车辆识别算法流程图

觉和双目视觉两种。单目视觉采用摄像机的焦距和事先确定的参数来估算车距，而双目视觉测距是利用视差的原理，通过对两幅图像进行计算机分析和处理，确定物体的三维坐标，可采用公垂线中点法计算出距离。鉴于视觉技术采集的信息量丰富，以及目前图像处理技术的巨大进步和计算能力已经能够保证图像处理实时性要求，价格低廉的视觉方案成为最理想的选择。如图 2-6 所示，对前方车辆的跟踪和测距都是动态进行的，如果前方车辆突然变道超车，前向碰撞预警系统必须马上将跟踪车辆切换的新的目标上。

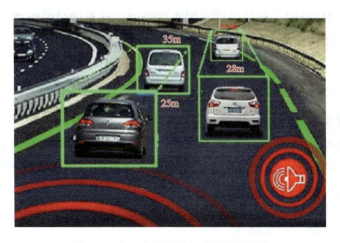

图 2-6　实际应用的前向碰撞预警系统

(3) 安全车距预警模型　安全车距是指后方车辆为了避免与前方车辆发生意外碰撞而在行驶中与前车所保持的必要间隔距离。

安全车距预警模型的建立要考虑到道路情况、自车的行驶状态、自车和目标的相对距离及相对速度、道路通行效率，还要考虑驾驶人的主观感觉及舒适性，将上面的所有因素考虑在内，才得到较好的安全及符合驾驶人行为习惯的安全车距预警模型，如图2-7所示。

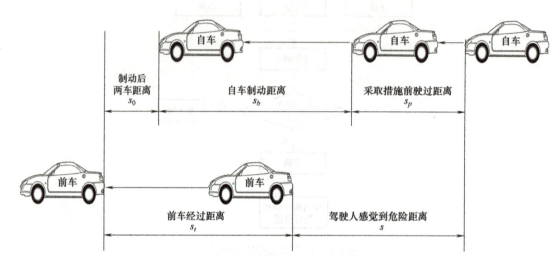

图2-7　安全车距预警模型

s_p为驾驶人在反应的过程中车辆驶过的距离，$s_p = v_0(\tau_1 + \tau'_2)$。

s_b为驾驶人采取制动措施后，前后两车速度达到相等时，本车以减速度a_0制动经过的距离。

s_0为两车速度达到相等时，前后两车之间的距离。

s为前后车相距一定距离，驾驶人感到危险，将要采取措施时两车之间的距离。

s_t为驾驶人感到危险时，到前后两车脱离危险时，前车驶过的距离。

由图2-7两车的运动关系可得安全距离为

$$s = s_0 + s_p + s_b - s_t$$

3. 前向碰撞预警控制

前向碰撞预警过程包括信息检测、数据处理和安全距离预警模型的阈值计算三个阶段。信息检测是通过CAN获取自车状态信息，通过雷达或摄像头获取自车前向信息；数据处理是获取前车的车道、速度等信息；安全距离预警模型的阈值设置包含分等级预警和紧急自动制动状态，整个过程如图2-8所示。

三、前向碰撞预警系统的应用

(1) 本田汽车碰撞缓解制动系统　本田汽车碰撞缓解制动系统如图2-9所示。

项目二　预警类先进驾驶辅助系统的原理及应用

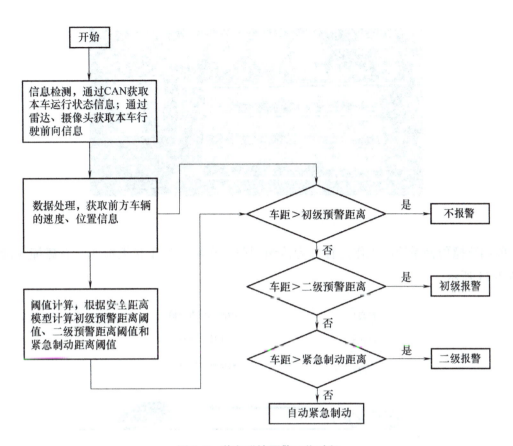

图 2-8　前向碰撞预警工作过程

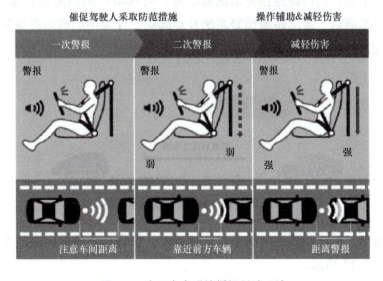

图 2-9　本田汽车碰撞缓解制动系统

（2）上海通用前向碰撞预警系统　当汽车行驶速度大于 40km/h 时，前向碰撞预警功能自动启用（图 2-10），也可以通过车辆设置关闭。

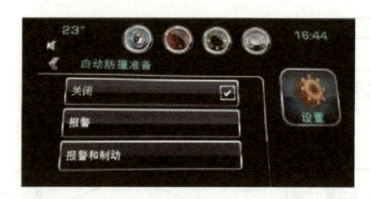

图 2-10　上海通用前向碰撞预警系统界面展示

前向碰撞预警系统的工作过程分为监测到前方车辆、过于接近前车、有碰撞风险时，如图 2-11 所示。

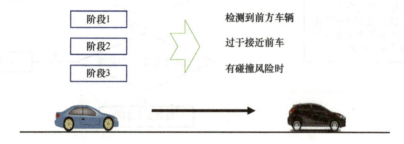

图 2-11　前向碰撞预警系统阶段控制

监测到前方车辆，前向碰撞预警系统可以对前向 60m 范围的障碍物和前车进行检测，系统监测到前方车辆后，前向碰撞预警系统自动起动，仪表中的前向碰撞预警指示灯绿色点亮，提醒驾驶人目前前方有目标车辆，如图 2-12 所示。

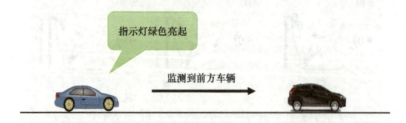

图 2-12　距离前向车辆在安全范围内指示灯

过于接近前车，系统监测到与前车过于接近时，仪表盘中的前向碰撞预警指示灯呈琥珀色点亮，如图 2-13 所示。

有碰撞风险时，当与前方车辆有碰撞风险时，根据车型和配置的不同，前风窗玻璃上的红色碰撞指示器或抬头显示仪中警告灯将会闪烁，同时，扬声器发出报警音或安全警报座椅发生振动警告，如图 2-14 所示。

项目二 预警类先进驾驶辅助系统的原理及应用

图 2-13　距离前向车辆过近时指示灯显示

图 2-14　前向碰撞预警系统检测前向车辆

 任务二　车道偏离预警系统的原理及应用

　　汽车偏离行驶轨道时有两种可能,一种是驾驶人有意地变换车道行驶,那么此时发出的警告则为错误信息,有可能会影响驾驶人的正常行驶;另一种是驾驶人处于无意中状态,比如驾驶人注意力不集中或驾驶疲劳而引起的,此时可能会引发交通事故,车道偏离预警系统可以及时提醒驾驶人,从而避免事故的发生,如图 2-15 所示。

图 2-15　车道偏离预警系统示意图

1. 掌握车道偏离预警系统的作用

2. 了解车道偏离预警系统的组成
3. 了解车道偏离预警系统的特点
4. 掌握车道偏离预警系统的工作原理
5. 掌握车道偏离预警系统的安装与调试技能

一、车道偏离预警系统的认知

车道偏离预警系统是一种通过报警的方式辅助驾驶人减少汽车因车道偏离而发生交通事故的系统,其主要功能是提醒过度疲劳或解决长时间单调驾驶引发的注意力不集中等情况。当车辆在无意识(驾驶人未打转向灯)偏离原车道时,车道偏离预警系统能在偏离车道0.5s之前发出警报,为驾驶人提供更多的反应时间,大大减少了因车道偏离引发的碰撞事故。不仅如此,使用车道偏离预警系统还能纠正驾驶人不打转向灯的习惯。

车道偏离预警系统由图像处理芯片、控制器、传感器等组成,是基于视觉的系统。据摄像头安装位置不同,可以将系统分为:侧视系统和前视系统。侧视系统中摄像头安装在车辆侧面,斜指向车道;前视系统中摄像头安装在车辆前部,斜指向前方的车道。无论是侧视系统还是前视系统,都由道路和车辆状态感知、车道偏离评价算法和信号显示界面三个基本模块组成。系统首先通过状态感知模块感知道路几何特征和车辆的动态参数,然后由车道偏离评价算法对车道偏离的可能性进行评价,必要的时候通过信号显示界面向驾驶人报警,如图2-16所示。

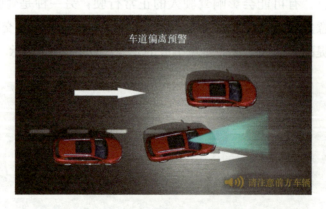

图2-16 车道偏离预警系统判断

二、车道偏离预警系统的工作原理

1. 视觉传感器认知与工作原理

视觉传感器是指通过对摄像机拍摄到的图像进行图像处理,来计算对象物的特征量

(面积、重心、长度、位置等)，并输出数据和判断结果的传感器。

视觉传感器是整个机器视觉系统信息的直接来源，主要由一个或者两个图形传感器组成，有时还要配以光投射器及其他辅助设备。视觉传感器的主要功能是获取足够的机器视觉系统要处理的最原始图像。

视觉传感器在智能网联汽车上的应用是以摄像头方式出现的，车载摄像头主要由支架、保护膜、前壳、镜片、滤光片、CMOS、PCBA、摄像头模组、信息传输、DSP 和插接器、封装材料等组成，如图 2-17 所示。

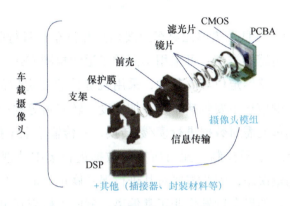

图 2-17　摄像头的组成

摄像头一般分为单目摄像头、双目摄像头、三目摄像头和环视摄像头。

(1) 单目摄像头　单目摄像头的优点是成本低廉，能够识别具体障碍物的种类，识别准确；缺点是由于其识别原理导致其无法识别没有明显轮廓的障碍物，工作准确率与外部光线条件有关，并且受限于数据库，没有自学习功能。

(2) 双目摄像头　相比于单目摄像头，双目摄像头没有识别率的限制，无须先识别，可直接进行测量；直接利用视差计算距离，精度更高；无须维护样本数据库。

(3) 三目摄像头　三目摄像头感知范围更大，但同时标定 3 个摄像头，工作量大。

(4) 环视摄像头　环视摄像头一般至少包括 4 个摄像头，实现 360°环境感知。

随着摄像机技术的不断升级，视觉传感器对于外部环境的感知能力也在不断提升。

视觉传感器具有从一整幅图像捕获光线的数以千计像素的能力，无论距离目标数米或数厘米远，传感器都能"看到"十分细腻的目标图像。在捕获图像之后，视觉传感器将其与内存中存储的基准图像进行比较，以做出分析。

视觉传感器是整个机器视觉系统信息的直接来源，视觉传感器的主要功能是获取足够的机器视觉系统要处理的最原始图像。图像传感器可以使用激光扫描器、线阵和面阵 CCD 摄像机或者 TV 摄像机，也可以是最新出现的数字摄像机等。

2. 车道信息获取与处理

车道偏离预警系统主要由信息采集单元、电子控制单元和人机交互单元等组成，如图 2-18 所示。

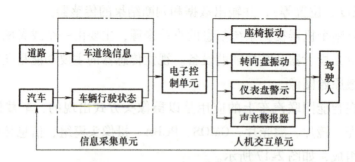

图 2-18 车道偏离预警系统的组成

（1）信息采集单元　信息采集单元对车道线信息和汽车自身行驶状态信息进行采集，针对不同的道路条件和传感器类型，可采用不同的车道线检测方式，包括有高精度地图定位、传感器定位、视觉传感器定位等。其中，采用视觉传感器定位的方式应用较为广泛，汽车自身行驶状态采集的信息主要包括车速、加速度、转向角等数据。在完成所有信息数据的采集后，信息采集单元需对数据进行模/数转换，并传输给电子控制单元。

（2）电子控制单元　电子控制单元对所有的数据进行集中处理，在处理车道线信息时，由于传感器存在测量误差，因此需要对其进行误差修正，最后综合判断汽车是否存在非正常偏离车道的现象，如果车辆发生非正常偏离，就向人机交互单元发出指令。

（3）人机交互单元　人机交互单元通过仪表显示界面、语音提示、座椅或转向盘振动等一种或多种方式向驾驶人提示系统当前状态，当车辆偏离车道时，系统会提醒驾驶人及时修正行驶方向，并可以根据偏移量的大小实现不同程度的预警效果。

3. 车道偏离预警控制逻辑

车道偏离预警系统可以在行车的全程自动或手动开启，以监控汽车行驶的轨迹。当系统正常工作时，信息采集单元将采集车道线位置、车速和汽车转向角等信息，电子控制单元将所有的数据转换到统一的坐标系下进行分析处理，从而获得汽车在当前车道中的位置参数，并判定汽车是否发生非正常的车道偏离，如果驾驶人打开转向灯，正常进行变道行驶，则车道偏离预警系统不会做出任何提示。

车道偏离预警系统主要是由装置在前风窗玻璃后的传感摄像头检测前路两边的分道线，并且回传至行车计算机进行数据分析，当车辆在没有打开转向灯的条件下就发生车道偏移时，计算机会认定此情况属于驾驶人无意识下的行为，从而开启车道偏离提示。而当驾驶人打开转向灯准备正常并线超车时，该系统将不启动，不会干预和影响正常的驾驶操作。

（1）数据传输　从前端的图像采集模块，到最后的报警信号的输出，数据是不停地在 FPGA、SDRAM（同步动态随机存储器）及 DSP 之间进行传输和搬移，系统中的数据流程主要有以下几个方面：

1）在 FPGA 中经过预处理的图像数据，首先必须存储到主存储芯片 SDRAM 中，这是后端高层处理的基础，如图 2-19 所示。

2）DSP 从 SDRAM 中读取最新的图像数据进行处理，并将处理的中间结果存于 SDRAM 中，这样的读写过程很可能是循环进行的，SDRAM 的分块存储特性正适合这样的性能要求。

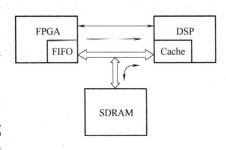

图 2-19　数据传输方案

3）为了系统调试的方便，很可能要求显示中间处理的结果，因此在 FPGA 上挂接了一块显示调试模块，调试时 FPGA 可从 SDRAM 中读取中间的处理结果进行显示。

FPGA：辅助逻辑控制和前端处理模块，主要完成图像的前期采集和一些类似直方图统计、卷积等底层的高密度图像处理工作。

SDRAM：主存储芯片。

DSP：高速计算芯片。

（2）车道偏离预警系统预警算法　车道偏离预警系统预警算法是一种通过传感器检测车道线，并结合汽车位置信息和状态信息得到汽车与车道线间相对位置关系并对偏离状态进行判断的控制算法。

车道偏离预警系统预警算法主要有汽车当前位置算法（CCP）、汽车跨道时间算法（TLC）、预瞄偏移量差异算法（FOD）、瞬时侧向位移算法、横向速度算法、边缘分布函数算法、预瞄轨迹偏离算法和路边振动带算法等，其中，汽车当前位置算法、汽车跨道时间算法和预瞄偏移量差异算法应用较为广泛。

汽车当前位置算法：根据汽车在所行驶的车道中的当前位置信息来判断偏离车道的程度，即通过车道线检测算法计算出汽车外侧与车道线的距离信息，来判断是否预警，如图 2-20 所示。

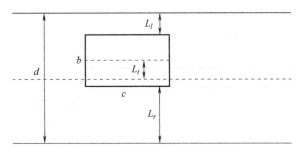

图 2-20　汽车当前位置算法示意图

$$L_r = \frac{d}{2} - \left(\frac{b}{2} - L_t\right)$$

$$L_l = \frac{d}{2} - \left(\frac{b}{2} + L_t\right)$$

当 $L_r > 0$ 且 $L_l > 0$ 时，表明汽车保持在行驶车道内，系统不需要预警；当 $L_r < 0$ 或

$L_l<0$ 时,表明汽车偏离车道,系统发出预警提示。

汽车跨道时间算法:根据汽车当前状态,预测未来汽车轨迹,计算出汽车跨越两侧车道线所需时间,利用该时间与设置的阈值进行对比,判断出汽车的偏离状态,如图 2-21 所示。

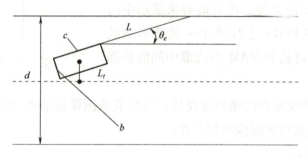

图 2-21　汽车跨道时间算法示意图

$$L = \frac{\frac{d}{2} - L_t - \frac{b}{2}}{\sin \theta_e}$$

$$t = \frac{L}{v}$$

设汽车跨道时间算法中确定的阈值为 T,当 $t \leq T$ 时,表示汽车驶出安全区域,偏离预警系统应向驾驶人发出警报。

预瞄偏移量差异算法:在实际车道线处向外扩展一条虚拟车道线,该虚拟线是根据驾驶人在自然转向时的偏离习惯而设计的,目的是降低误报率,如图 2-22 和图 2-23 所示。驾驶人每有这种偏离习惯,则可将虚拟车道线与真实车道线重合。

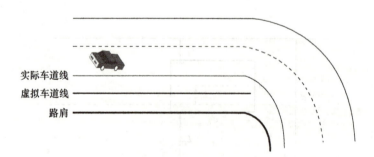

图 2-22　预瞄偏移量差异算法道路示意图

$$L_t' = vt \times \sin\theta_e + L_t$$

$$L_d = \frac{d}{2} - L_t' - \frac{b}{2}$$

假设预瞄位置偏移量阈值为 D,当 $L_d \leq D$ 时,表示汽车驶出安全区域,车道偏离预警系统应向驾驶人发出警报。预瞄偏移量差异算法的中心思想是根据汽车未来几秒的运动状

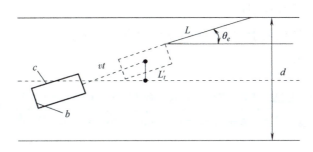

图 2-23　预瞄偏移量差异算法示意图

态来判断是否发出车道偏离预警，其优点是误报率比较低，能给驾驶人留出足够时间采取适当措施避免交通事故的发生。

三、车道偏离预警系统的应用

（1）新一代奔驰 S 级轿车　全新 S 级的升级内容主要集中安全性能，搭载的车道偏离预警系统会在时速大于 60km 的情况下自动激活，并通过安装于前风窗玻璃后面的多功能摄像头，判断驾驶人是否主动驾车并线。当系统发现驾驶人无意中驶离车道时，转向盘就会振动，提示驾驶人警惕危险。而当驾驶人在并线之前打开转向信号灯，并且主动驾车驶离车道时，车道偏离预警系统不会发出报警信号。

（2）雅科仕　在安全配置方面，雅科仕配备了车辆稳定管理系统（VSM）、集成车身稳定系统（ESC）、电子驻车系统（EPB）、智能巡航系统以及预警安全带系统（PSB）等多种配置于一身，此外，还配备了车道偏离预警系统以及 9 个安全气囊。

（3）一汽大众 CC　在车速超过 65km/h 时，通过 FAS 按键激活转向柱的开关启动系统，带有在线控制器的摄像模块评估是否偏移行驶车道，通过组合仪表内的控制灯进行状态显示，如果驾驶人遇到驶出车道情况未及时反应，系统通过修正力矩进行转向干预。

（4）凯美瑞　按下车道偏离预警系统（LDA）开关，车道偏离预警系统指示灯点亮，多信息显示屏上显示"LDA 已起动，有转向辅助"信息，即表示车道偏离预警系统已经激活。第八代凯美瑞上配备的车道偏离预警系统包括 3 项辅助功能，分别为车道偏离警示功能、转向控制功能和车辆摇摆警告功能。

激活车道偏离预警系统后，车道偏离警示功能会默认为开启状态，不需要进行任何设置。在车辆即将偏离原车道时，系统将发出警报声，向驾驶人发出预警。

车道偏离警示功能需满足以下所有工作条件才能自动开始工作：

1）车道偏离预警系统启动（点亮状态）。

2）车速约为 50km/h 或更高。

3）系统识别到白色（黄色）车道线。

4）车道宽约为 3m 或以上。

5）未操作转向信号灯控制杆。

6）车辆在直道或半径大于约 150m 的缓和弯道上行驶。

7）未检测到系统故障。

任务三　盲区监测系统的原理及应用

 情景导入

　　由于汽车后视镜存在视觉盲区，变道之前就看不到盲区的车辆，如果盲区内有超车车辆，此时变道就会发生碰撞事故。在大雨、大雾和夜间光线昏暗，更加难以看清后方车辆，此时变道就面临更大的危险，盲区监测系统就是为了解决后视镜的盲区而产生的，如图 2-24 所示。

图 2-24　盲区监测系统示意图

 **学习目标**

1. 掌握盲区监测系统的作用
2. 了解盲区监测系统的组成
3. 了解盲区监测系统的特点
4. 掌握盲区监测系统的工作原理
5. 掌握盲区监测系统的安装与调试技能

 **知识准备**

一、盲区监测系统的认知

　　汽车视野盲区主要有前盲区、A 柱盲区、后盲区和后视镜盲区，其中，最容易引发交通事故的是 A 柱盲区和后视镜盲区，如图 2-25 所示。

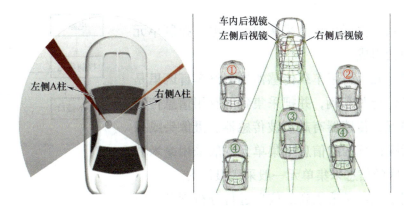

图 2-25　汽车盲区展示图

盲区监测（BSD）系统也称为汽车并线辅助（LCA）系统，是通过摄像头和毫米波雷达等车载传感器监测视野盲区内有无来车，在左右两个后视镜内或其他地方提醒驾驶人后方安全范围内有无来车，提高行车安全性，如图 2-26 所示。

图 2-26　盲区监测范围

盲区监测系统应具备以下功能：

1）当有车辆或行人进入驾驶人视野盲区时，盲区监测系统应给予驾驶人提醒。

2）盲区监测系统应在驾驶人进行换道操作时对其进行辅助，监测其他车道上快速接近的后方来车，当驾驶人因对驾驶环境误判而可能做出危险的驾驶行为时，盲区监测系统应发出警报。

3）理想状态下，在任何路况、天气和交通环境下，盲区监测系统都能正常工作。

二、盲区监测系统的工作原理

1. 24GHz 毫米波雷达的认知与工作原理

24GHz 汽车毫米波雷达方案主要由 24GHz 射频收发芯片、控制单元和 CAN 总线接口组成，其中，24GHz 射频收发芯片实现毫米波信号的生成、发射和接收，控制单元利用算法实现测距和测速的功能，CAN 总线接口负责和汽车其他部件通信，图 2-27 所示为

24GHz 汽车毫米波雷达的基本框图。

2. 障碍物信息获取与处理

盲区监测系统主要由信息采集单元、电子控制单元和预警显示单元组成。

信息采集单元：利用车载传感器检测汽车盲区里是否有行人或其他行驶车辆，并把采集到的有用信息传输给电子控制单元，传感器有超声波传感器、摄像头或探测雷达等；后视镜盲区的信息采集单元一般采用毫米波雷达，A 柱盲区的信息采集单元一般采用摄像头。

电子控制单元：对采集到的信息进行分析判断，向预警显示单元发送信息。

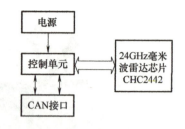

图 2-27 24GHz 汽车毫米波雷达的基本框图

预警显示单元：接收电子控制单元的信息，如果有危险，则发出预警显示，此时不可变道。

当汽车速度大于某一阈值时，例如 10km/h，盲区监测系统自动启动，如果监测范围内有车辆或行人，就会被信息采集单元监测到，计算出目标的距离和速度等信息，并将采集到的信息传递给电子控制单元；电子控制单元根据收到的信息判断进入监测范围内的车辆或行人是否对本车造成威胁，如果存在安全隐患，则通过预警显示单元提醒驾驶人，并根据危险程度和驾驶人的反应提供不同的预警方式，如图 2-28 所示。

图 2-28 盲区监测系统提示

3. 盲区监测系统控制逻辑

通过在汽车后保险杠内安装两个 24GHz 雷达传感器，在车辆行驶速度大于 10km/h 自动启动，实时向左右 3m 后方 8m 范围发出探测微波信号，系统对反射回的微波信号进行分析处理，即可知后面车辆距离、速度和运动方向等信息，通过系统算法，排除固定物体和远离的物体，当探测到盲区内有车辆靠近时，指示灯闪烁，此时驾驶人看不到盲区内的车辆，但是也能通过指示灯知道后方有车辆驶来，变道有碰撞的危险，如果此时驾驶人仍然没有注意到指示灯闪烁，打了转向灯准备变道，那么系统就会发出语音警报声，再次提醒驾驶人此时变道有危险，不宜变道，如图 2-29 所示。通过整个行车过程中，盲区监测系统不间断地探测和提醒，防止行车过程中因恶劣天气、驾驶人疏忽、后视镜盲区、新手上路等潜在危险而造成交通安全事故。

图 2-29 盲区监测系统检测

三、盲区监测系统的应用

（1）本田艾力绅　当车辆在行驶中、在本车后方出现其他车辆时，系统将自动点亮该方向的车外后视镜上的指示标志，以进行提醒。若驾驶人打开该方向信号灯，则车外后视镜上的指示标志闪烁，同时伴有警告音，以再次提醒驾驶人注意车况。

（2）奔驰主动式盲点辅助系统　奔驰主动式盲点辅助系统可主动监测车辆左右的盲区范围，提高行车安全。在车辆时速超过 30km 时，主动式盲点辅助系统开始启动，当盲区有车辆时，会对驾驶人进行提醒。如果驾驶人未做出回应，盲点辅助将改变驾驶人的路程通过制动改变车辆路线，将车从危险区域移动出来。此路线校正制动干预的程度受限于与驾驶人相互配合的程度。驾驶人可通过转向盘或加速踏板直接终止干预措施。

任务四　驾驶人疲劳预警系统的原理及应用

据不完全统计，交通事故中有 50% 以上是由于长时间疲劳驾驶或所见目标单调使驾驶人注意力不集中，甚至打瞌睡等造成的，23% 的汽车驾驶人一个月内至少在转向盘上睡着一次；66% 的货车驾驶人自己在驾驶过程中打瞌睡；28% 的货车驾驶人在一个月内有在转向盘上睡着的经历。统计表明，在出现这些现象的同时，驾驶人的面部表情也将发生明显变化。设想有没有一种能基于物联网的检测系统，即检测驾驶人是否意识清醒，并提出警告，提前阻止安全事故的发生呢？

1. 掌握驾驶人疲劳预警系统的作用
2. 了解驾驶人疲劳预警系统的组成
3. 了解驾驶人疲劳预警系统的特点
4. 掌握驾驶人疲劳预警系统的工作原理
5. 掌握驾驶人疲劳预警系统的安装与调试技能

一、驾驶人疲劳预警系统的认知

驾驶人疲劳预警系统（Driver Fatigue Monitor System）是指驾驶人精神状态下滑或进入浅层睡眠时，系统会依据驾驶人精神状态指数分别给出语音提示、振动提醒和电脉冲警示等，警告驾驶人已经进入疲劳状态，需要休息，如图 2-30 和图 2-31 所示。其作用就是监视驾驶人自身的疲劳状态，减少驾驶人疲劳驾驶的潜在危害。

图 2-30　驾驶人疲劳监测示意图

图 2-31　摄像头检测驾驶人面部

车内驾驶人疲劳监测技术，本质上是在行驶过程中捕捉并分析驾驶人的生物行为信息，比如眼睛、脸部、心脏和脑电活动等。然而心跳活动和脑电监测由于受条件的限制，目前没有在车内批量应用。当前最多被采用的疲劳检测手段是驾驶人驾车行为分析，即通过记录和解析驾驶人转动转向盘、踩制动踏板等行为特征,判别驾驶人是否疲劳。但是这种方式受驾驶人驾驶习惯影响极大。另一大类别的检测方法是:通过图像分析手段对驾驶人脸部与眼睛特征进行疲劳评估。这一方法正渐渐被整车厂商接受并采用。

综上所述驾驶人疲劳检测方法主要有以下几种:

基于驾驶人生理信号的检测方法:脑电、心电、肌电、脉搏、呼吸信号等来判断驾驶人疲劳状态。

基于驾驶人生理反应特征的检测方法:眼睛特征、视线方向、嘴部状态、头部位置等来判断驾驶人疲劳状态。

基于汽车行驶状态的检测方法:转向盘、行驶速度和车道偏离等来判断驾驶人疲劳状态。

基于多特征信息融合的检测方法:依据信息融合技术,将多种方法相结合是理想的检测方法。

二、驾驶人疲劳预警系统的工作原理

驾驶人疲劳预警系统是一种基于驾驶人生理反应特征的驾驶人疲劳监测预警产品。通过视觉传感器对人的眼睑眼球的几何特征和动作特征、眼睛的凝视角度及其动态变化、头部位置和方向的变化等进行实时检测和测量,建立驾驶人眼部、头部特征与疲劳状态的关系模型,研究疲劳状态的多参量综合描述方法,同时研究多元信息的快速融合方法,提高疲劳检测的可靠性和准确性,从而研制稳定可靠的驾驶人疲劳预警系统。

驾驶人疲劳预警系统主要由信息采集单元、电子控制单元和人机交互单元3部分组成。

信息采集单元:主要利用传感器采集驾驶人信息和汽车行驶信息,驾驶人信息包括驾驶人的面部特征、眼部信号和头部运动性等;汽车行驶信息包括转向盘转角、行驶速度和行驶轨迹等,这些信息的采集取决于系统的设计。

电子控制单元:电子控制单元接收信息采集单元传送的信号,进行运算分析,判断驾驶人疲劳状态;如果经计算分析发现驾驶人处于一定的疲劳状态,则向预警显示单元发出信号。

人机交互单元:根据电子控制单元传递的信息,通过语音提示、振动提醒和电脉冲警示等方式对驾驶人疲劳进行预警。

驾驶人疲劳预警系统图像处理如图2-32所示。

1. 驾驶人面部表情信息获取与处理

视频图像的预处理包括视频图像子区域的分割以及视频图像的归一化处理。前者指从视频图像中分割出与人脸最相关的子区域,后者包括图像的灰度均衡和尺度归一。图像预处理的好坏直接影响视频图像特征提取的效果和计算量。疲劳驾驶视频图像的几何规范化处理首先对人脸进行水平积分投影,利用投影曲线各极小值之间存在的位置关系,建立判

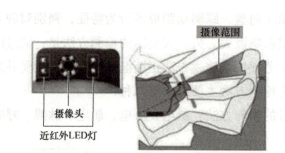

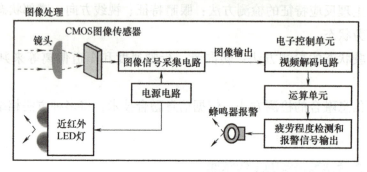

图 2-32　驾驶人疲劳预警系统图像处理

断规则,确定人脸的眼睛、嘴、鼻孔和眉毛的水平位置以及各器官之间的垂直距离;再根据人脸的眼睛、嘴的水平位置和垂直距离确定出眼区、嘴区,将这些区域分割出来组成特征三角形生成面部处理区域,最后进行特征提取。

2. 驾驶人疲劳预警控制逻辑

对驾驶人的疲劳状况进行检测和判断,得到疲劳级别,针对不同的疲劳级别发出不同的警报信号,考虑到驾驶人疲劳状态下可能对各种物理刺激没有正确和及时的反应,当声光报警和物理刺激失效时,启动紧急自动驾驶系统,基于车载路况识别系统,切断疲劳驾驶人对车的控制,转入自动地形匹配驾驶和紧急靠边停止运行模式,强制车辆选择合理时机和路线从行车道转到路边(备用车道),然后采取断油和自动制动措施,以实现对疲劳驾驶的安全控制。为了实现这个目标,首先必须对疲劳的程度进行分级,依照疲劳程度逐级采取声光报警、物理刺激和自动紧急智能停车响应措施,系统基本原理如图 2-33 所示。

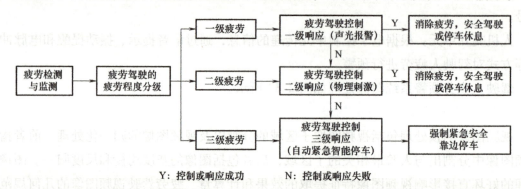

图 2-33　驾驶人疲劳预警系统基本原理

三、驾驶人疲劳预警系统的应用

1. 国内预防疲劳驾驶的产品

1）挂耳朵式疲劳预警器，功能非常简单，低头就报警，然而考虑到打瞌睡不一定就低头，且瞌睡导致的低头特征出现比较晚，驾驶人也不喜欢在开车时佩戴一个附加物，所以该类产品实用性较差。

2）手表式和眼镜式，手表式利用脉搏的跳动来估测人是否疲劳，没有权威的科学依据，且不能解决突然睡着的问题，眼镜式则是强迫戴一副厚重的眼镜来判断眨眼频率，基本上许多人都不适应，其实眨眼频率和疲劳没有直接关系。

3）转向盘触摸式，利用在转向盘上安装一些传感器来感知驾驶人是否握住转向盘，但在转向盘上安装传感器会使转向盘操作不方便，该方法的准确性较低。

4）图像识别式，利用图像传感器捕捉驾驶人面部，通过面部特征识别，判断驾驶人疲劳程度。

2. 国外预防疲劳驾驶的产品

1）美国 ATTENTION 公司的 DD850，已经通过美国交通运输部在全美进行推广。

2）美国 DSS 公司的疲劳检测和分析系统。

3）奔驰、沃尔沃的高端系列产品（200 万以上）有瞌睡提醒装置。

4）丰田的 13 代皇冠在日本销售的产品有瞌睡报警系统，但在我国没有标配。

1. 前向碰撞预警系统能够通过雷达系统时刻监测前方车辆，判断本车与前车之间的距离、方位及相对速度，当存在潜在碰撞危险时，对驾驶人进行警告，前方配装预警系统本身不会采取任何制动措施去避免碰撞或控制车辆。

2. 车道偏离预警系统是一种通过报警的方式辅助驾驶人减少汽车因车道偏离而发生交通事故的系统。

3. 盲区监测系统也称为汽车并线辅助系统，是通过摄像头、毫米波雷达等车载传感器检测视野盲区内有无来车，在左右两个后视镜内或其他地方提醒驾驶人后方安全范围内有无来车，提高行车安全性。

4. 驾驶人疲劳预警系统是指驾驶人精神状态下滑或进入浅层睡眠时，系统会依据驾驶人精神状态指数分别给出语音提示、振动提醒和电脉冲警示等，警告驾驶人已经进入疲劳状态，需要休息。

一、不定项选择题

1. 前向碰撞预警系统主要由（　　）组成。

A. 信息采集单元 B. 电子控制单元
C. 测速单元 D. 人机交互单元

2. 前向碰撞预警系统信息采集单元主要采集目标车辆的（　　）信息。
A. 车速 B. 颜色 C. 方位 D. 车距

3. 以下不属于安全车距模型考虑的因素是（　　）。
A. 道路情况 B. 车辆外形
C. 道路通行效率 D. 自车行驶状态

4. 在汽车上的摄像头一般分为（　　）。
A. 单目摄像头 B. 双目摄像头
C. 三目摄像头 D. 环视摄像头

5. 车道偏离预警系统主要通过（　　）检测前路两边的分道线。
A. 毫米波雷达 B. 激光雷达 C. 摄像头 D. 超声波雷达

6. 盲区监测系统主要采用（　　）GHz 的毫米波雷达进行检测。
A. 24 B. 60 C. 77 D. 79

7. 目前最多采用的疲劳检测手段是（　　）。
A. 心跳活动检测 B. 脑电检测
C. 驾驶人心理检测 D. 驾驶人驾车行为分析

二、填空题

1. 前向碰撞预警系统由_____、_____和_____3 个单元组成。

2. 前向碰撞预警系统主要是利用车载传感器（如视觉传感器、毫米波雷达等）实时监测前方车辆，判断本车与前车之间的_____、_____及_____，当系统判断存在潜在危险时，将对驾驶人进行警告，提醒驾驶人进行制动，保障行车安全。

3. 毫米波雷达具备深度信息可以提供目标的距离，通过检测其_____可将目标的速度提取出来。

4. 车道偏离预警系统首先通过_____感知道路几何特征和车辆的动态参数，然后由车道偏离评价算法对车道偏离的可能性进行评价，必要的时候通过信号显示界面向驾驶人报警。

5. 摄像头一般分为_____摄像头、_____摄像头、_____摄像头和_____摄像头。

6. 汽车视野盲区主要有前盲区、_____盲区、后盲区和_____盲区。

7. 24GHz 汽车毫米波雷达方案主要由 24GHz 射频收发芯片、控制单元和 CAN 总线接口组成，其中，24GHz 射频收发芯片实现毫米波信号的_____、_____和_____。

8. 驾驶人疲劳预警系统主要由_____、_____和_____3部分组成。

三、思考题

1. 简述前向碰撞预警系统的工作原理。
2. 简述车道偏离预警系统的工作原理。
3. 简述盲区监测系统的工作原理。
4. 简述驾驶人疲劳预警系统的原理及应用。

项目三 自主控制类先进驾驶辅助系统的原理及应用

任务一 车道保持辅助系统的原理及应用

在驾驶汽车的过程中,由于驾驶人注意力不集中或者误操作,会导致汽车偏离原有行驶车道,进而可能会引发交通安全事故,为了减少此类事故的发生,提高汽车行驶安全性,很多车型上配备了车道保持辅助系统(Lane Keeping Assist Systems,LKAS)。车道保持辅助系统会在车辆行驶过程中,通过安装在汽车前方的摄像头来实时地识别汽车行驶车道的标识线,当车辆在行驶的车道上发生偏离时,会通过转向盘的振动或者声音来提醒驾驶人注意,并轻微转动转向盘修正汽车行驶方向,使车辆处于正确的道路上,若检测到车辆一直无人主动干预,则会发出报警来提醒驾驶人,如图3-1所示。

图 3-1 车道保持辅助系统显示图

1. 掌握车道保持辅助系统的概念

项目三　自主控制类先进驾驶辅助系统的原理及应用

2. 掌握车道保持辅助系统的特点
3. 掌握车道保持辅助系统的组成
4. 掌握车道保持辅助系统的工作原理
5. 了解车道保持辅助系统的应用

一、车道保持辅助系统的认知

1. 车道保持辅助系统的定义

车道保持辅助系统是汽车先进驾驶辅助系统中的一种，是一种能够主动检测汽车行驶时的横向偏移，对转向系统和制动系统进行协调控制，实现主动对车道偏离现象进行纠正，使汽车保持在预定的车道上行驶，从而减轻驾驶人的负担，减少交通事故的发生，如图 3-2 所示。

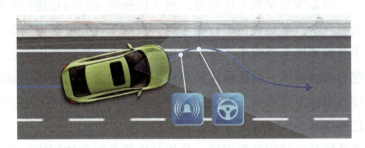

图 3-2　车道保持辅助系统的示意图

2. 车道保持辅助系统的组成

车道保持辅助系统主要由信息采集单元、电子控制单元和执行单元等组成，如图 3-3 所示。

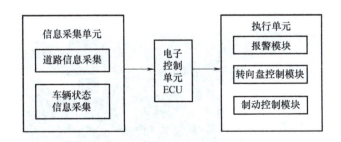

图 3-3　车道保持辅助系统的组成

（1）信息采集单元　信息采集单元在车道保持辅助系统中的功能与车道偏离预警系统的功能相似，主要用于车道信息和汽车行驶状态信息的采集，然后发送给电子控制单元。

（2）电子控制单元　电子控制单元主要通过特定的算法对信息进行处理，并判断是否做出车道偏离修正的相应操作。该单元性能直接影响车道偏离修正的及时性，因此在选择中央处理器和设计控制算法时，要着重考虑运算能力和运算速度。

（3）执行单元　执行单元主要分为3个部分，即报警模块、转向盘控制模块和制动器控制模块。其中，报警模块与车道偏离预警系统类似，当车辆即将偏离车道时会通过转向盘或座椅振动、仪表盘显示、声音警报中的一种或多种形式实现报警。转向盘控制模块和制动器控制模块是车道保持辅助系统中特有的，主要实现横向运动和纵向运动的协同控制，并保证汽车在车道保持辅助系统工作期间具有一定的行驶稳定性。

二、车道保持辅助系统的工作原理

车道保持辅助系统在行车的速度达到某一阈值并且能清晰识别车道线后开启，并可以手动关闭，实时保持汽车的行驶轨迹。

当系统正常工作时，信息采集单元通过车载传感器采集车速信号、转向盘转角信号以及汽车速度信息，车载摄像头采集车道信息；电子控制单元对信息进行处理，比较车道线和汽车的行驶方向，判断汽车是否偏离行驶车道。当汽车行驶可能偏离车道线时，发出报警信息；当汽车距离偏离侧车道线小于一定阈值或已经有车轮偏离出车道线，电子控制单元计算出辅助操舵力和减速度，根据偏离的程度控制转向盘和制动器的操纵模块，施加操舵力和制动力，使汽车稳定地回到正常轨道；若驾驶人打开转向灯，正常进行变线行驶，则系统不会做出任何提示。

车道保持辅助系统基本结构分为识别、分析与决策系统和控制执行系统。

1. 识别、分析与决策系统

在前车窗内侧的上方安装摄像头（图3-4），摄像头能看清车道线，形成清晰的图像，然后通过一定算法，得出当前车辆相对车道线的位置、偏离的方向和速度，当车辆靠近识别出的边界线且要驶离该车道时，系统会通过声音和图像对驾驶人进行提醒。

图3-4　车道保持辅助系统摄像头的安装位置

2. 控制执行系统

接到决策系统的辅助控制命令时，由电动助力转向系统或电机输出转向助力，使车辆保持在道路内行驶。

1）如果车辆压过车道边界线之前，开启了转向灯，那么报警系统就不会工作，这时该系统认为，是驾驶人的正常车道变换驾驶，如图3-5所示。

图 3-5　车道保持辅助系统车道线识别原理示意图

2）在车辆靠近车道线时，系统会出现一次警告信号。

3）在第一次警告出现后，车辆前轮远离对应的车道线，随后后轮也靠近车道线时，系统会发出第二次警报。这样，就可防止车辆在与车道线平行行驶时持续出现这种警报，如图3-6所示。

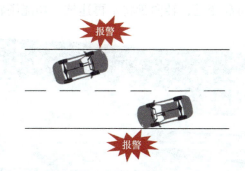

图 3-6　车道保持辅助系统车道线偏离警报示意图

系统在发出报警信号的同时，发出辅助控制（纠偏）命令是有前提条件的，即驾驶人没有打转向灯并且没有操作转向盘的情况下，车辆发生了车道偏离且车辆速度达到一定规定（乘用车一般约定为65km/h）时。

三、车道保持辅助系统的应用

1. 奔驰 GLC300L 的车道保持辅助系统

奔驰 GLC300L 车道保持辅助功能，在很大程度上提高了驾驶舒适性，也提高了驾驶安全性。

其原理是：通过紧贴在前风窗玻璃上的摄像头实时拍摄前方道路上的左右车道线，对其进行监控。拍摄到的图像由计算机转换成信息数据并进行处理，分析车辆是否行驶在两条车道线的中间，是否有偏移。若有偏移并超出了允许偏移值便会向转向系统（EPS）发出修舵动作指令，加以干预纠正，车辆便会自动回到两条车道线中间来，（此时转向盘会轻微振动）如图3-7所示。如果遇到弯度较大的弯道且车道线清晰，轿车也会自动沿着弯道转弯行驶。因此在路况良好的高速公路和郊区公路尚都可以得到良好的驾驶舒适性。

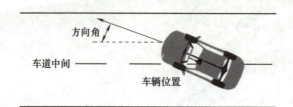

图3-7　车道保持辅助系统控制执行系统逻辑示意图

车道保持功能激活条件：车速≥65km/h，摄像头视野清晰；摄像头必须能够识别出道路边界。

车道保持辅助功能激活后，车辆会自动行驶在两条车道线中间，若因驾驶人走神等致使车辆偏向某一车道线，转向盘会自动修舵纠正，使其回到两条车道线中间，如图3-8所示。驾驶人在行驶中若未打转向灯就进行变道并线的操作，转向盘会施加反向转矩来抗拒，并伴以转向盘振动提醒驾驶人。这样设置功能的目的是为了防止错误操作导致事故。驾驶人若执意继续转动转向盘变道，转向盘将不再违抗，功能则转为待机模式。

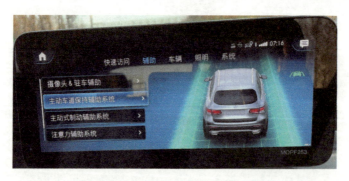

图3-8　大众CC轿车车道保持辅助系统功能操作示意图

2. 奥迪Q5L汽车的车道保持辅助系统

当车速超过65km/h，车道保持辅助系统自动启动。安装在车内后视镜前的摄像头会采集车辆前方道路的图片影像，车载软件负责从这些图像中分辨出车道以及在两条车道线中间的行车道，如图3-9和图3-10所示。如果车辆在没有打开转向灯的情况下偏向某一侧车道线（或因为走神而导致车辆偏离了正常行驶方向），此时转向盘会振动和施加微小而有效的干预，帮助汽车驶回"正道"。

项目三　自主控制类先进驾驶辅助系统的原理及应用

图 3-9　奥迪汽车车道保持辅助系统示意图

图 3-10　奥迪汽车车道保持辅助系统速度超过 65km/h 示意图

任务二　自动制动辅助系统的原理及应用

随着汽车保有量的不断增加，汽车安全也被提升到了前所未有的高度，除了熟知的安全带和安全气囊外，诸如 ABS（防抱死制动系统）、EBD（电子制动力分配）、ESP（车身电子稳定系统）、TPMS（轮胎压力监测系统）等这样的主动安全系统也逐渐成为汽车的标配。主动安全技术是实现车辆自动驾驶的重要环节，研究显示，驾驶人若在事故发生前 3s 内集中精力并对车辆采取正确的驾驶操作，则可以避免 80% 以上的事故发生；有相关调查指出，在严重的交通事故中，约有 85% 的驾驶人没有采取制动措施或是没有采取完全制动，无法利用车辆全部的制动性能，进一步导致事故发生，同时，美国高速公路安全保险机构也指出，车辆若是配备智能辅助系统也可以避免 60% 以上的交通事故发生。

自动制动辅助系统是指车辆在非自适应巡航的情况下正常行驶，如车辆遇到突发危险情况或与前车及行人距离小于安全距离时主动进行制动（但具备这种功能的车辆并不一定能够将车辆完全刹停），避免或减少追尾等碰撞事故的发生，从而提高行车安全性的一种技术，如图3-11所示。

图 3-11　自动制动辅助系统

1. 掌握自动制动辅助系统的定义
2. 了解自动制动辅助系统的类型
3. 掌握自动制动辅助系统的组成
4. 掌握自动制动辅助系统的工作原理
5. 了解自动制动辅助系统的应用

一、自动制动辅助系统的认知

1. 自动制动辅助系统的定义

汽车自动制动辅助（Autonomous Emergency Braking，简称AEB）系统可以预知潜在的碰撞危险并及时通知驾驶人，而且在必要的情况下，还会自动控制制动踏板完成制动操作，以避免或减轻碰撞伤害，如图3-12所示。

图 3-12　自动制动辅助系统

2. 自动制动辅助系统的类型

自动制动辅助系统主要有 3 种应用类型，分别为城市专用自动制动辅助系统、高速公路专用自动制动辅助系统和行人保护专用自动制动辅助系统。

（1）城市专用自动制动辅助系统　城市交通事故大多发生在路口等待和交通拥堵等情况下，因为驾驶人注意力分散，忽视了自身的车速和与前车的距离，造成碰撞事故。城市内驾驶的特点是速度慢，易发生不严重的碰撞。城市专用自动制动辅助系统可以监测前方路况与车辆移动情况，如果探测到潜在的风险，它将采取预制动措施，提醒驾驶人风险的存在；如果在反应时间内未接到驾驶人的指令，该系统则会自动制动，来避免事故。而在任何时间点内，如果驾驶人采取了紧急制动或猛打转向盘等措施，该系统将停止操作。

（2）高速公路专用自动制动辅助系统　在高速公路上发生的事故与城市交通事故相比要严重得多。高速公路上如果驾驶人疲劳驾驶，当意识到危险时，车速过快无法控制车辆。为了能保证这种行驶情况下的安全，自动制动辅助系统必须采取相应的控制策略。系统在车辆高速行驶状态下工作，首先通过报警来提醒驾驶人潜在的危险。如果在反应时间内，驾驶人没有任何反应，第二次警示系统将启动，比如突然的制动或安全带收紧，此时制动器将调至预制动状态；如果驾驶人依然没有反应，那么该系统将会自动实施制动。

（3）行人保护专用自动制动辅助系统　除探测道路上的车辆外，还有一类自动制动辅助系统是用来检测行人和其他公路上的弱势群体的，如图 3-13 所示。通过车上的前置摄像头采集的图像信息，可以辨别出行人的图形和特征以及相对运动的路径，以确定是否有撞击的危险。如果有危险，系统可以发出警告，并在安全车距内，制动系统采用全制动使车辆停止行驶。在实际情况下预测行人行为是比较困难的，系统控制的算法也非常复杂。该系统需要在危险发生前更迅速地做出正确判断，更有效地做出响应，防止危险事态发生，同时也需要避免系统在特定情况下发生误触发。

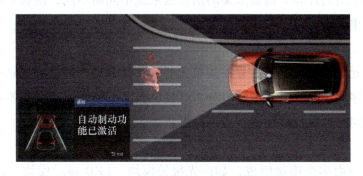

图 3-13　行人保护专用自动制动辅助系统

二、自动制动辅助系统的组成

自动制动辅助系统主要由行车环境信息采集单元、电子控制单元和执行单元等组成，如图 3-14 所示。

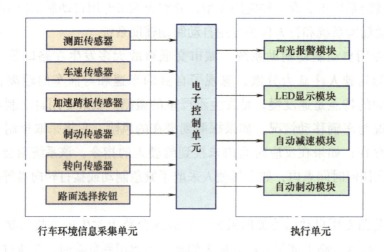

图 3-14 自动制动辅助系统的组成

1. 行车环境信息采集单元

行车环境信息采集单元由测距传感器、车速传感器、加速踏板传感器、制动传感器、转向传感器和路面选择按钮等组成，对行车环境进行实时检测，得到相关行车信息。测距传感器用来检测本车与前方目标的相对距离以及相对速度。目前，常见的测距技术有超声波测距、毫米波雷达测距、激光测距、红外线测距和视频传感器测距等；车速传感器用来检测本车的速度；加速踏板传感器用来检测驾驶人在收到系统提醒报警后是否及时松开加速踏板，对本车实行减速措施；制动传感器用来检测驾驶人是否踩下制动踏板，对本车实行制动措施；转向传感器用来检测车辆是否正处于弯道行驶或处于超车状态，以此来判断是否需要进行报警抑制；路面选择按钮是为了方便驾驶人对路面状况信息进行选择，从而方便系统对报警距离的计算。需要采集的信息因系统不同而不同，所有采集到的信息都将被送往电子控制单元。

2. 电子控制单元

电子控制单元接收行车环境信息采集单元的检测信号后，综合收集到的数据信息，依照一定的算法程序对车辆行驶状况进行分析计算，判断车辆所适用的预警状态模型，判断是否需要报警，同时对执行控制模块发出控制指令。

3. 执行单元

执行单元可以由多个模块组成，如声光报警模块、LED 显示模块、自动减速模块和自动制动模块等，根据系统不同而不同。它用来接收电子控制单元发出的指令，并执行相应的动作，达到预期的预警效果，实现相应的车辆制动功能。当系统检测到存在危险状况时，首先进行声音报警来提醒驾驶人存在危险；当系统发出提醒报警之后，如果驾驶人没有松开加速踏板，则系统会发出自动减速控制指令；在减速之后系统检测到危险仍然存在时,说明目前车辆行驶处于极度危险的状况,需要对车辆实施自动强制制动。

三、自动制动辅助系统的工作原理

自动制动辅助系统采用测距传感器测出与前车或者障碍物的距离,然后利用电子控制单元将测出的距离与报警距离、安全车距等进行比较,小于报警距离时就进行报警提示,而小于安全车距时,即使在驾驶人没来得及踩制动踏板的情况下,自动制动辅助系统也会启动,使汽车自动制动,从而为安全出行保驾护航。

图 3-15 所示为某汽车自动制动辅助系统的工作过程。自动制动辅助系统从传感器探测到前方车辆(目标车)开始,持续监测与前车之间的距离以及前车的车速,并实时获取本车的车速信息,通过计算,判断当前行驶状态并做出合适的应对。

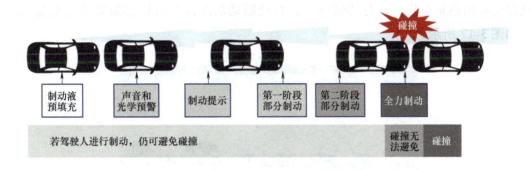

图 3-15 某汽车自动制动辅助系统的工作过程

四、自动制动辅助系统的应用

自动制动辅助系统在不同的厂家有着不同的名字,例如丰田的前向碰撞预警系统称为 Pre-Collision System,简称 PCS 系统;本田的称为 CMBS(Collision Mitigation Brake System)以及奔驰的称为 pre-safe 系统等,但工作原理是相同的。

PCS 系统隐藏在车头内的毫米波雷达,探测前方障碍物,预防前方碰撞的可能,若系统判断前方碰撞的可能性很大,警报器将发出鸣叫提醒,提示驾驶人规避。制动辅助系统会立即进入准备状态,辅助驾驶人制动,从而给车辆更大的制动力;当系统判断出碰撞即将发生时,则会预先收紧正/副驾驶人的安全带,制动系统也会自动降低车速。

主动完全制动系统即碰撞警示系统英文名为 CWAB(Collision Warning with Auto Brake)系统,它是目前世界五大主流前向碰撞预警系统之一,由沃尔沃公司于 2009 年研发成功,目前已应用于沃尔沃 XC60、沃尔沃 S60 和沃尔沃 V60 三款车型上,如图 3-16 所示。

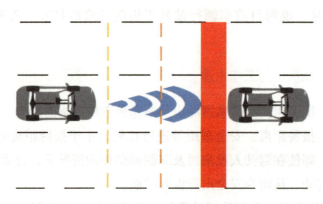

图 3-16　沃尔沃 CWAB 系统

自动制动功能的作用是尽可能地降低碰撞速度，从而减少两车乘员的受伤概率。举例来说，如果把碰撞速度从 60km/h 降低到 50km/h，撞击力就会减少约 30%，这足以决定乘员是受轻伤还是重伤。在有些情况下，自动制动功能甚至可以协助完全避免碰撞的发生，如图 3-17 所示。

图 3-17　时速 30km/h 以下避免撞到行人

任务三　自适应巡航控制系统的原理及应用

自适应巡航控制系统又可称为智能巡航控制系统，简称 ACC 系统，它是在传统巡航控制基础上发展起来的新一代先进驾驶辅助系统，如图 3-18 所示。它将汽车自动巡航控制系统（CCS）和车辆前向碰撞预警系统有机结合起来。也就是说，ACC 还包含了预碰撞功能。

项目三　自主控制类先进驾驶辅助系统的原理及应用

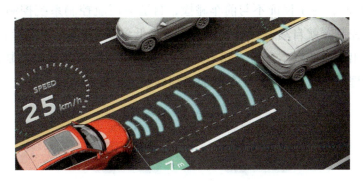

图 3-18　自适应巡航控制系统示意图

自适应巡航控制系统不但具有自动巡航的全部功能，还可以通过车载雷达等传感器监测汽车前方的道路交通环境。一旦发现当前行驶车道的前方有其他前行车辆时，将根据本车与前车之间的相对距离及相对速度等信息，控制汽车的加速踏板和制动踏板对车辆进行速度控制，使本车与前车保持合适的安全间距。采用该系统降低了驾驶人的工作负担，大大提高了汽车的主动安全性，扩大了巡航行驶的范围。

1. 掌握自适应巡航控制系统的定义与组成
2. 掌握自适应巡航控制系统的工作原理
3. 掌握自适应巡航控制系统的工作模式
4. 了解自适应巡航控制系统的应用

一、自适应巡航控制系统的认知

1. 自适应巡航控制系统的定义

汽车自适应巡航控制系统是在汽车行驶过程中，安装在汽车前部的车距传感器持续扫描汽车前方道路，同时车速传感器采集车速信号。当前汽车（主车）与前方车辆之间的距离小于或大于安全车距时，自适应巡航控制单元通过与制动系统、发动机控制系统协调动作，改变制动力矩和发动机输出功率，对汽车行驶速度进行控制，以使当前汽车与前方车辆始终保持安全车距行驶，避免追尾事故的发生，同时提高通行效率。

自适应巡航控制系统是在定速巡航装置的基础上发展而来的，区别在于，定速巡航只能限定速度，转向盘和制动还需要驾驶人控制，而自适应巡航控制系统能够较好地帮助驾驶人协调转向盘和制动。如图 3-19 所示，假设车前的道路空闲时，车速为 80km/h，在遇到60km/h 的慢车时，为了保证不与前车碰撞，自适应巡航控制系统控制器发送指令给制动控制器，制动控制器就自动进行制动，将车速降低到60km/h，并维持着一定安全距离。这时如果前车让出车道或者本车进入超车道后，自适应巡航控制系统控制器就会发送相关指令给发动机管理系统（EMS），让车辆加速到驾驶人设定的车速。

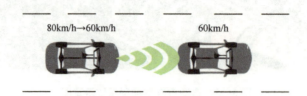

图3-19　汽车自适应巡航控制系统

2. 自适应巡航控制系统的组成

以燃油汽车为例，自适应巡航控制系统主要由信息感知单元、电子控制单元、执行单元和人机交互界面等组成，如图3-20 所示。

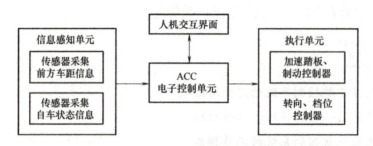

图3-20　燃油汽车自适应巡航控制系统的组成

（1）信息感知单元　信息感知单元主要用于感知道路和车辆行驶等信息然后提供给电子控制单元。它包括采集车辆自身状态信息的传感器以及采集前方车辆距离信息的传感器等。测距传感器用来获取车间距离信号，转速传感器用于获取实时车速信号，转向角传感器用于获取汽车转向信号，节气门位置传感器用于获取节气门开度信号，制动踏板传感器用于获取制动踏板动作信号。

（2）电子控制单元　电子控制单元根据驾驶人所设定的安全车距及巡航行驶速度，结合信息感知单元传送来的信息确定当前车辆的行驶状态，决策出车辆的控制作用，并输出给执行单元。例如当两车间的距离小于设定的安全距离时，电子控制单元计算实际车距和安全车距之比及相对速度的大小，选择减速方式。

（3）执行单元　执行单元主要执行电子控制单元发出的指令，它包括节气门控制器、制动控制器、档位控制器和转向控制器等，节气门控制器用于调整节气门的开度，使车辆进行加速、减速及定速行驶；制动控制器用于紧急情况下的制动；档位控制器用于控制车辆变速器的档位；转向控制器用于控制车辆的行驶方向。

（4）人机交互界面　人机交互界面用于驾驶人设定系统参数及系统状态信息的显示

项目三　自主控制类先进驾驶辅助系统的原理及应用

等。驾驶人可通过设置在仪表盘或转向盘上的人机界面启动或清除自适应巡航控制系统控制指令。启动自适应巡航控制系统时，要设定当前车辆在巡航状态下的车速和与目标车辆间的安全距离，否则，将自动设置为默认值，但所设定的安全距离不可小于设定车速下交通法规所规定的安全距离。

电动汽车自适应巡航控制系统也是由信息感知单元、电子控制单元、执行单元和人机交互界面等组成的，如图 3-21 所示。电动汽车相对燃油汽车，其自适应巡航控制系统的信息采集单元没有节气门位置传感器，执行单元没有节气门控制器和档位控制器，相应增加电动机控制器和再生制动控制器。信息感知单元将传感器测量的距离、速度和加速度等信号输入电子控制单元；电子控制单元对主车行驶环境及运动状态进行分析、计算和决策，输出转矩和制动压力信号；执行单元用于完成电子控制单元的指令，通过控制电动机和制动执行器来调节主车的行驶速度；人机交互界面为驾驶人对系统的运行进行观察和干预控制提供操作界面。

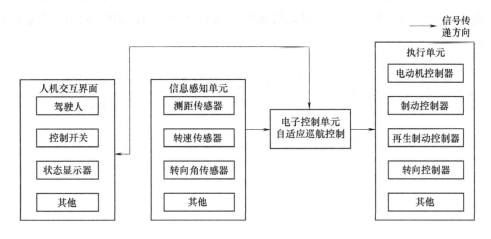

图 3-21　电动汽车自适应巡航控制系统的组成

二、自适应巡航控制系统的工作原理

1. 燃油汽车自适应巡航控制系统的工作原理

燃油汽车自适应巡航控制系统的工作原理如图 3-22 所示。驾驶人启动自适应巡航控制系统后，汽车前部的车距传感器持续扫描汽车前方道路，同时转速传感器采集车速信号。如果主车前方没有车辆或与前方目标车辆距离很远且速度很快时，控制模式选择模块就会激活巡航控制模式，自适应巡航控制系统将根据驾驶人设定的车速和本车行驶速度自动调节加速踏板等，使得当前车辆达到设定的车速并巡航行驶；如果目标车辆存在且离当前车辆较近或速度很慢，控制模式选择模块就会激活跟随控制模式，自适应巡航控制系统将根据驾驶人设定的安全车距和本车行驶速度计算出期望车距，并与车距传感器采集的实际距离比较，自动调节制动压力和节气门开度等，使得汽车以一个安全车距稳定地跟随前

方目标车辆行驶。同时，自适应巡航控制系统会把汽车目前的一些状态参数显示在人机界面上，方便驾驶人的判断，也装有紧急报警系统，在自适应巡航控制系统无法避免碰撞时及时警告驾驶人并由驾驶人处理紧急状况。

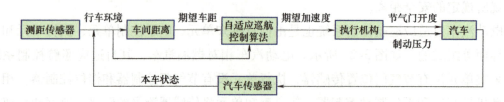

图3-22　燃油汽车自适应巡航控制系统的工作原理

2. 电动汽车自适应巡航控制系统的工作原理

电动汽车自适应巡航控制系统的工作原理如图3-23所示，它与燃油汽车自适应巡航控制系统的工作原理基本一样，唯一的区别是，燃油汽车控制的是节气门开度，调节发动机输出转矩；而电动汽车控制的是电动机转矩，调节电动机的输出转矩，而且增加了再生制动控制。

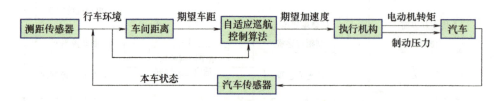

图3-23　电动汽车自适应巡航控制系统的工作原理

三、自适应巡航控制系统的工作模式

汽车自适应巡航控制系统的工作模式主要有定速巡航、减速控制、跟随控制、加速控制、停车控制和起动控制等，如图3-24所示。假设当前汽车设定车速为100km/h，目标车辆行驶速度为80km/h。

（1）定速巡航　定速巡航是汽车自适应巡航控制系统最基本的功能。当前汽车前方无目标车辆行驶时，当前汽车将处于普通的巡航行驶状态，自适应巡航控制系统按照设定的行驶车速对汽车进行定速巡航控制。

（2）减速控制　当前汽车前方有目标车辆，且目标车辆的行驶速度慢于当前汽车的行驶速度时，自适应巡航控制系统将控制当前汽车进行减速，确保主车与前方目标车辆之间的距离为安全车距。

（3）跟随控制　当自适应巡航控制系统将当前汽车速度减至设定的车速值之后采用跟随控制，与前方目标车辆以相同的速度行驶。

（4）加速控制　当前方的目标车辆加速行驶或变换车道，或当前汽车换道行驶使得前方又无行驶车辆时,自适应巡航控制系统将对主车进行加速控制,使主车恢复到设定的车速。在恢复设定的车速后,自适应巡航控制系统又转入对主车的巡航控制。

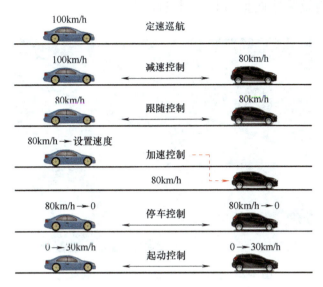

图 3-24 汽车自适应巡航控制系统的工作模式

(5) 停车控制　若目标车辆减速停车,主车也减速停车。

(6) 起动控制　若主车处于停车等待状态,当目标车辆突然起动时,主车也将起动,与目标车辆行驶状态保持一致。

当驾驶人主动操控汽车后,自适应巡航控制系统自动退出对汽车的控制。

四、自适应巡航控制系统的应用

汽车自适应巡航控制系统通过对车辆纵向运动进行自动控制,以减轻驾驶人的劳动强度,自适应巡航控制系统在很大程度上减轻了驾驶人的负担,保障行车安全。目前,汽车自适应巡航控制系统主要应用在中高级车上,但随着自适应巡航控制系统的不断发展与完善,一些中低档汽车也开始装配系统。

沃尔沃汽车自适应巡航控制系统如图 3-25 所示,通过设置在前风窗玻璃的摄像头以及隐藏在前格栅内的雷达来监测前方路况,在速度超过 30km/h 时,按下转向盘上的起动键,就可以激活自适应巡航控制系统。当前面有车时,车辆自动跟着前车行驶,但不会超过设定的速度;如果前方没有车辆,就按设定的速度行驶。

沃尔沃汽车自适应巡航控制系统具有以下功能:

1) 它在 0～200km/h 的范围内都可以实现自动跟车。

2) 对前车的识别能力强。当前车转弯或超过前车时,能快速捕捉到新的前车,继续自动跟车。

3) 如果有车辆插队驶入两车之间,自适应巡航控制系统会调节车速,以保持之前设定的两车之间的安全距离。

4）具有辅助超车功能。如果感觉前车较慢，当驾驶人打开转向灯进入另外一条车道准备超车时，车辆会做瞬时加速，以尽快超过前车。

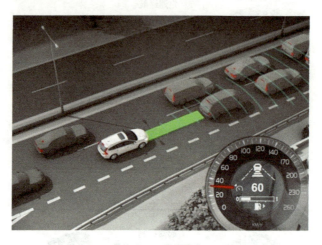

图 3-25　沃尔沃汽车自适应巡航控制系统

任务四　自动泊车辅助系统的原理及应用

据统计，由于车后盲区所造成的交通事故在我国约占 30%，在美国约占 20%，交管部门建议车主安装多曲率大视野后视镜来减少车后盲区，提高车辆的安全性能，但依旧无法有效降低并控制事故的发生。汽车尾部盲区所潜在的危险，往往会给人们带来生命财产的重大损失以及精神上的严重伤害。对于新手驾驶人或女士而言，每次倒车时更是可以用瞻前顾后、胆战心惊来形容。

现有的汽车倒车辅助产品如果从手动与自动的区别来分大致可分为两类：一类是手动类（以传统倒车系统为代表），另一类是自动类（以智能倒车系统为代表）。传统倒车系统主要以倒车雷达和倒车可视为代表，通过发出警示声音或可视后部情况提醒车主车后情况，使其主动闪避，以减少事故伤害。该产品对于驾驶人而言，主动性较差，虽然能在很大程度上避免车辆对行人的伤害，却无法顺利有效地完成泊车，极易造成剐蹭或碰撞。

自动泊车辅助系统是为了实现自动停车而产生的系统，在众多的汽车配套产品中，与倒车安全有关的配套产品格外引人注目，配有倒车辅助系统的品牌车型也常常成为高档车配置的重要标志之一，如图 3-26 所示。

项目三 自主控制类先进驾驶辅助系统的原理及应用

图 3-26 自动泊车辅助系统示意图

1. 掌握自动泊车辅助系统的定义与组成
2. 掌握自动泊车辅助系统的工作原理
3. 了解自动泊车辅助系统的应用

一、自动泊车辅助系统的认知

1. 自动泊车辅助系统的定义

自动泊车辅助系统（APA）是利用车载传感器探测有效泊车空间，并辅助控制车辆完成泊车操作的一种汽车先进驾驶辅助系统，如图 3-27 所示。

图 3-27 自动泊车辅助系统

自动泊车辅助系统，通过控制车辆的加减速度和转向角度自动停放车辆。该系统通过视觉传感器和超声波雷达感知泊车环境，使用车轮传感器估计车辆姿态（位置和行驶方向），并根据驾驶人的选择自动或手动设置目标泊车位。然后系统进行自动泊车轨迹计算，并通过精确的车辆定位与车辆控制系统使车辆沿定义的泊车轨迹进行全自动泊车，直至到达最终目标泊车位。

相比传统的电子辅助系统，比如倒车雷达和倒车影像显示等，自动泊车辅助系统智能化程度更高，减轻了驾驶人的操作负担，有效降低了泊车的事故率。

最常用的自动泊车辅助系统就是倒车雷达系统，也有使用声呐传感器的，它们的作用就是在倒车时，帮助驾驶人"看见"后视镜里看不见的物体，或者提醒驾驶人后面存在物体。现在为爱车加装泊车辅助已经成为一种流行趋势。自动泊车技术还有助于解决人口密集城区的一些停车和交通问题。有时候，能否在狭小空间中停车受驾驶人技术的限制。

自动泊车技术可以将汽车停放在较小的空间内，这些空间比大多数驾驶人能自己停车的空间小得多。这就使得车主能更容易地找到停车位，同时相同数量的汽车占用的空间也更小。当人们顺列式驻车时，通常会阻塞一个车道的交通至少几秒钟。如果他们进入停车位碰到问题，那么这个过程会持续几分钟，这将严重扰乱交通秩序。

顺列式驻车会导致许多磕碰，而这将给车留下难看的凹坑和划痕。自动泊车技术能够避免这些意外。另外，自动泊车技术还可以节省开支，因为不必再担心与停车损害相关的保险索赔问题。

2. 自动泊车辅助系统的组成

自动泊车辅助系统主要由感知单元、中央控制器、转向执行机构和人-机交互系统组成，如图3-28所示。

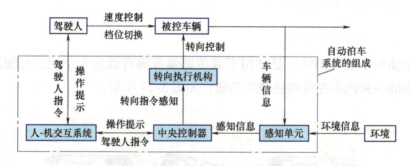

图3-28 自动泊车辅助系统的组成

（1）感知单元 通过各类传感器实现对环境信息和汽车自身运动状态的感知，并把感知信息输送给自动泊车辅助系统的中央控制器。

（2）中央控制器 中央控制器主要分析处理感知单元获取的环境信息以及汽车泊车运动控制。在泊车过程中，泊车系统控制器实时接收并处理汽车避障传感器输出的信息，当汽车与周围物体相对距离小于设定安全值时，泊车系统控制器将采取合理的汽车运动控制。

（3）转向执行机构　转向执行机构由转向系统、转向驱动电动机、转向电动机控制器和转向柱转角传感器等组成，转向执行机构接收中央控制器发出的转向指令后执行转向操作。

（4）人-机交互系统　在泊车过程中，人-机交互系统提供一些重要信息给驾驶人。

二、自动泊车辅助系统的工作原理和工作步骤

1. 自动泊车辅助系统的工作原理

自动泊车辅助系统是通过车载传感器扫描汽车周围环境，通过对环境区域的分析和建模，搜索有效泊车位，当确定目标车位后，系统提示驾驶人停车并自动启动自动泊车程序，根据所获取的车位大小和位置信息，由 PA 系统计算泊车路径，然后自动操纵汽车泊车入位。

（1）激活系统　PA 系统可由人工进行开启，或者根据车速自动启动自动泊车辅助系统。

（2）车位检测　通过车载雷达传感器和视觉传感器识别出目标车位。

（3）路径规划　根据所获取的环境信息，中央控制器对汽车和环境建模计算出一条能使汽车安全泊入车位的路径。

（4）路径跟踪　通过转角、节气门和制动的协调控制，使汽车跟踪预先规划的泊车路径，实现轻松泊车入位。

2. 自动泊车辅助系统的工作步骤

汽车移动到前车旁边时，系统会给驾驶人一个信号，告诉他应该停车的位置。然后，驾驶人换倒档，开始倒车。接着，车上的计算机系统将接管转向盘。汽车通过动力转向系统转动车轮，将汽车完全倒入停车位。当汽车向后倒得足够远时，系统会给驾驶人另一个信号，告诉他应该停车并换为前进档。汽车向前移动，将车轮调整到位。最后，系统再给驾驶人一个信号，告诉他车辆已停好。

自动泊车辅助系统遵循以下 5 个基本步骤（图 3-29）：

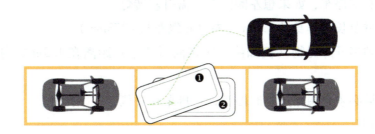

图 3-29　自动泊车辅助系统工作步骤

1）驾驶人将汽车开到停车位的前面，停在前面一辆车的旁边，启动自动泊车辅助系统。

2）自动泊车辅助系统向路边转动车轮，以约45°将车向后切入停车位。

3）当汽车进入车位后，自动泊车辅助系统会拨直前轮，然后继续倒车。

4）确认本车与后面车辆保持一定距离，自动泊车辅助系统转动转向盘，这时驾驶人需要将汽车拨入行进档，自动泊车则会将汽车前端回转到停车位中。

5）驾驶人需要在停车位前后移动汽车，直到汽车停在适当的位置。

三、自动泊车辅助系统的应用

1. 奔驰自动泊车辅助系统

奔驰B200的设计初衷是主动式停车辅助系统，借助前后保险杠上安装的10组超声波感应器来实现辅助的泊车系统，如图3-30所示。为了应付欧洲路边停车设计的，增加泊车的便利性，注意是增加，不是从根本性改变泊车习惯，例如你还是要踩制动踏板，还是要挂档的。

图3-30　奔驰自动泊车辅助系统

启动条件如下：

1）车速要低于30km/h。

2）默认是右侧停车，如果想左侧停车，需打左转灯。

3）停车区域要长于车身的1.5m左右（B级车长4273mm）。

4）车辆必须离开障碍物（例如停车区域前后的车）距离在1.5m之内，意思是不能离开太远。

5）停车区域必须是想路边临时停车，一排车在一侧，一字排开。

实施步骤如下：

1）打开转向灯，以低于30km/h的速度在拟停车区域边上溜过，直到行车计算机显示"P-》"图案，表示它已检测到位置。

2）挂倒车档，提示其他驾驶人你要停车。

3）在多功能转向盘上按动左侧有一个向上的按钮，以表示同意Yes；对应向下就不同意 No。

4）此时车就会自动转动转向盘进入停车位，不用踩加速踏板，但要控制制动踏板。

5）通过后视镜和倒车雷达判断与后车的距离，通过制动踏板来停车。

6）如果第一把向后方向不正，或者与前车距离太大，可以挂入前进档，车会自动修正，当然，制动踏板还要人去踩的。

2. 奥迪 A6L 自动泊车辅助系统

奥迪 A6L 汽车自动泊车辅助系统在全车安装了多个摄像头，如前方、后方、左右后视镜等位置都安装了摄像头。同时奥迪汽车还提供 3D 模式，驾驶人可以看到整个车型的 3D 模型以及自车当前所处的位置和与其他车辆（或障碍物）的距离。首先通过探测雷达寻找合适的停车位；其次，如果车位合适，启动自动泊车系统，倒入车位；最后，停车入位，调整车身姿态，如图 3-31 所示。

图 3-31　奥迪 A6L 自动泊车辅助系统

3. 大众迈腾自动泊车辅助系统

智尊版迈腾搭载了德国原厂自动泊车辅助系统，该系统是大众独家研发的前端智能科技，可使车辆自动完成侧方停车，如图 3-32 所示。自动倒车辅助系统会运用超声波传感器扫描道路两侧，通过比较停车空间和车身长度来寻找合适的停车位。发现适合的位置后，声音的紧密程度会自动提示，系统会自动引导车辆进入驻停区域，挂上倒车档，自动倒车辅助系统会自动控制转向操作，此时只需控制加速踏板和制动踏板，即可将车停进停车位。此外，中文导航系统的液晶显示屏，会直接显示障碍物与车辆之间位置关系的图像，使驾驶人更从容实现对车辆的控制。

4. 大众途观自动泊车辅助系统

大众途观已装备了半自动的泊车入位系统，即"泊车辅助系统"，这一系统已能够将车辆准确泊入与车道平行的车位。全新展示的"自动泊车入位系统"能够将车辆停入与车道垂直的车位，并且整个过程完全自动，如图 3-33 所示。

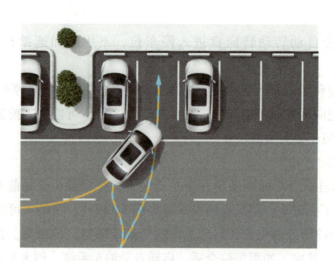

图 3-32　迈腾自动泊车辅助系统

图 3-33　大众途观自动泊车辅助系统两种模式

驾驶人只需要在导航系统的显示屏上选择所显示的可选停车位，并将变速杆推至 P 位，然后下车，通过遥控钥匙指挥车辆完成自动泊车入位，驾驶人也可以选择留在车内。当然，驾驶人依然要负责任地确保车辆周围有充分安全的停车空间，如图 3-34 所示。

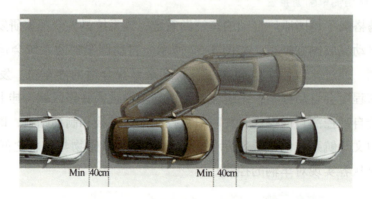

图 3-34　大众途观自动泊车辅助系统泊车示意图

该系统的左、右后视镜中都分别安装了两个摄像机来测量停车位的位置和尺寸。一个 2GHz 的高性能计算机对视频信号进行处理，并负责车辆转向系统和动力系统的控制。当

项目三　自主控制类先进驾驶辅助系统的原理及应用

驾驶人发出停车入位的操作指令，"自动泊车入位系统"就会对车辆进行操控——操纵汽车按预先计算好的路线行进倒车。

整个过程中要用到电子助力转向、电子驻车制动、自动变速器和在怠速下发动机提供的动力。最终，将车辆倒入停车位。由安装在车辆前部和尾部的多组视觉和雷达传感器对整个过程进行监控，并可以控制在必要时将车辆停下来。同样，驾驶人也可以通过遥控器随时终止自动停车入位的过程。

本项目重点在于自主控制类先进驾驶辅助系统的原理及应用，包括车道保持辅助系统的原理及应用、自动制动辅助系统的原理及应用、自适应巡航控制系统的原理及应用、自动泊车辅助系统的原理及应用。通过本项目的学习，学生能够掌握自主控制类先进驾驶辅助系统的定义、组成和原理，了解自主控制类先进驾驶辅助系统的工作模式、作用及相关应用。

一、不定项选择题

1. 车道保持辅助系统主要由（　　　）、（　　　）和（　　　）3部分组成。

   A. 信息采集单元　　　B. 电子控制单元　　　C. 执行单元

2. 自动制动辅助系统主要有3种应用类型，分别为（　　　）、（　　　）和（　　　）。

   A. 城市专用自动制动辅助系统　　　　B. 高速公路专用自动制动辅助系统

   C. 行人保护专用自动制动辅助系统

3. 以燃油汽车为例，自适应巡航控制系统主要由（　　　）、（　　　）、（　　　）和（　　　）等组成。

   A. 信息感知单元　　　　　　　　　B. 电子控制单元

   C. 执行单元　　　　　　　　　　　D. 人机交互界面

4. 自动泊车辅助系统主要由（　　　）、（　　　）、（　　　）和（　　　）组成。

   A. 感知单元　　　　　　　　　　　B. 中央控制器

   C. 转向执行机构　　　　　　　　　D. 人-机交互系统

二、填空题

1. 信息采集单元在车道保持辅助系统中的功能与车道偏离预警系统的功能相似，主要通过＿＿＿＿＿＿采集＿＿＿＿＿＿和＿＿＿＿＿＿并发送给＿＿＿＿＿＿。

2. 执行单元主要分为3个部分，即＿＿＿＿＿＿、＿＿＿＿＿＿和＿＿＿＿＿＿。

3. 自动制动辅助系统主要由＿＿＿＿＿＿、＿＿＿＿＿＿和＿＿＿＿＿＿等组成。

4. 行车环境信息采集单元由＿＿＿＿＿＿、＿＿＿＿＿＿、＿＿＿＿＿＿、＿＿＿＿＿＿、＿＿＿＿＿＿和＿＿＿＿＿＿等组成，对行车环境进行实时检测，得到相关行车信息。

5. 电子控制单元根据驾驶人所设定的＿＿＿＿＿＿及＿＿＿＿＿＿，结合＿＿＿＿＿＿传送来的信息确定当前车辆的＿＿＿＿＿＿，决策出车辆的控制作用，并输出给＿＿＿＿＿＿。

6. 自动泊车辅助系统是利用＿＿＿＿＿＿探测＿＿＿＿＿＿，并辅助控制车辆完成泊车操作的一种汽车＿＿＿＿＿＿。

三、思考题

1. 简述车道保持辅助系统的工作原理。
2. 简述自动制动辅助系统的工作原理。
3. 简述自动制动辅助系统的应用。
4. 简述自适应巡航控制系统的定义。
5. 画出自适应巡航控制系统的工作原理图并简单描述。
6. 简述自适应巡航控制系统的应用。
7. 简述自动泊车辅助系统的定义。
8. 简述自动泊车辅助系统的作用。

项目四 改善视野类先进驾驶辅助系统的原理及应用

任务一 自适应前照明系统的原理及应用

随着城市建设的不断发展，道路交通环境也变得越来越复杂，为了在夜间照明不良的环境下为驾驶人提供优良的驾驶视野，需要汽车的灯光照明系统能够根据驾驶环境和驾驶人视野需求的变化，实现自适应照明的功能，有效降低交通事故发生的概率。由此需求产生的自适应前照明系统（Adaptive Front-lighting System，AFS）可以根据不同驾驶环境下对灯光照明的需求，对照明模式进行切换，通过灯光照明角度变化和某一区域灯光强度调节实现照明效果优化，如图4-1所示。

图4-1 自适应前照明系统功能示意图

1. 掌握自适应前照明系统的作用
2. 了解自适应前照明系统的组成
3. 了解自适应前照明系统的特点
4. 掌握自适应前照明系统的工作原理
5. 掌握自适应前照明系统的安装与调试

一、自适应前照明系统的工作原理

根据天气情况、环境光线、路面情况、车身姿态及其他车辆行驶信息，通过调整前照灯灯组的光线角度和局部光线强弱，从而改变光型的照明范围，减少视野盲区，为驾驶人提供更合理、更可靠、更清晰的照明视野范围，保证行车安全。通过采集车身高度传感器、转向盘转角传感器、光线传感器、雨量传感器和车速传感器等信号（图4-2），并综合毫米波雷达和转向灯的信号，经过自适应前照明系统控制单元的逻辑判断，依据控制算法识别车辆使用场景，确定灯光调节的方案，最终对照明灯组进行控制。

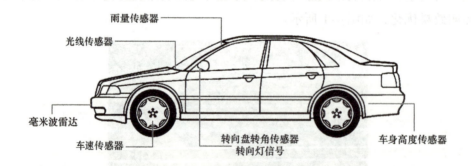

图4-2　自适应前照明系统传感器示意图

1. 光线传感器、车身高度传感器认知及原理

光线传感器一般位于中控台中靠近前风窗玻璃处，该位置与驾驶人所处的光照条件最接近，能更准确地获取驾驶人实际的光线环境（图4-3）。

光线传感器是利用光敏元件将光信号转换为电信号的传感器，由投光器和受光器组成（图4-4），利用投光器中的透镜将光线聚焦，聚焦后的光线传输到受光器的透镜，再至接收感应器，接收感应器将收到的光线讯号转变成电信号，此电信号可由自适应前照明系统控制单元采集，并进行后续功能控制。

项目四　改善视野类先进驾驶辅助系统的原理及应用

图 4-3　光线传感器实物图

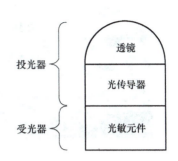

图 4-4　光线传感器原理图

车身高度传感器（英文 Chassis Height Sensor，又叫作轴高传感器、车姿传感器、悬架高度传感器等）是汽车上用于测量车身前后悬架姿态变化必不可少的零部件，如图 4-5 所示。目前，汽车的悬架控制系统（如主动悬架系统、悬架阻尼控制系统和空气悬架系统等）和自适应前照灯系统普遍采用车身高度传感器来测量汽车行驶姿态的变化。

车身高度传感器由二连杆和角度传感器组成（图 4-6），二连杆的两端分别固定在不同的悬架部件上。当车身高度发生变化时，悬架部件的相对位置会发生变化，二连杆的角度也将发生变化，通过角度传感器输出信号的变化，间接换算出车身高度的变化，此电信号可由自适应前照明系统控制单元采集，并进行后续功能控制。

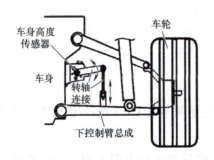

图 4-5　车身高度传感器布置示意图

图 4-6　车身高度传感器实物图

另一种测量方法是基于电涡流测距原理，将电涡流传感器（图 4-7）固定在某一悬架部件上，测量出悬架部件间的相对位置变化，间接换算出车身高度的变化。但由于测量技术复杂和成本较高，暂未普遍采用。

2. 自适应前照明系统信号获取与处理

自适应前照明系统控制单元通过 CAN 总线实时获取整车相关传感器采集的数据信号，包括车身高度传感器、转向盘转角传感器、光线传感器、雨量传感器和车速传感器、毫米波雷达和转向灯等信号，对于自动驾驶级别较高的车辆还可以采集多功能摄像头和激光雷达的信号，经过算法识别出汽车实时的工况，对前照明系统进行模式调整。自适应前照明系统信号流程图如图 4-8 所示。

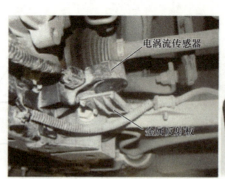

图4-7 电涡流传感器实物图

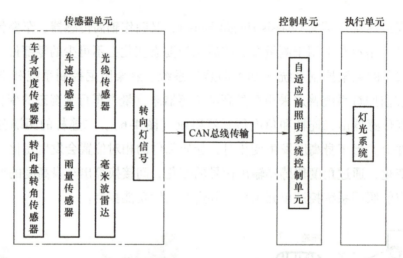

图4-8 自适应前照明系统信号流程图

3. 照明光型调节原理

照明系统光型的调节主要有光照角度调节、光照亮度调节和远近光开闭调节3种方式，通过这3种调节方式的组合获取不同的照明光型。

光照角度调节是通过调整照明灯组的反射面角度来调节光束的发射方向，可以实现照明方向在垂直方向和水平反向的调节，如图4-9所示。光照亮度调节和远近光开闭调节是通过调整电压和开关状态实现的。

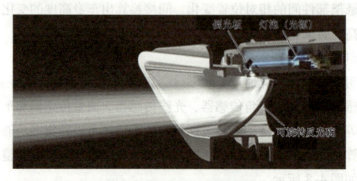

图4-9 照明灯光调节原理图

二、自适应前照明系统控制策略

自适应前照明系统根据车辆的不同行驶工况来调节照明模式，基于典型行驶场景对照明效果的需求，消除驾驶人在夜间、雨雪天气、市区行驶、高速公路行驶场景下视野盲区，如图 4-10 所示。

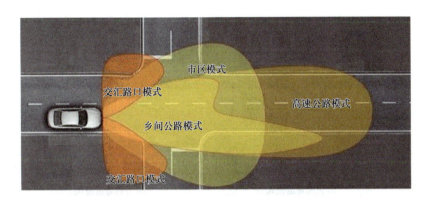

图 4-10　自适应前照明系统模式示意图

1. 基础照明模式（图 4-11）

汽车的车身姿态会由于车辆配重的变化而存在差异，如空载、半载和满载状态下，光线的照明高度存在差异；前部配重和后部配重状态下，车辆会有俯仰变化，光线的照明角度存在差异。此时需要调整灯光照明角度，优化照明效果。当车辆上坡或下坡时，将加大车辆俯仰的程度，对灯光照明的影响程度更大。

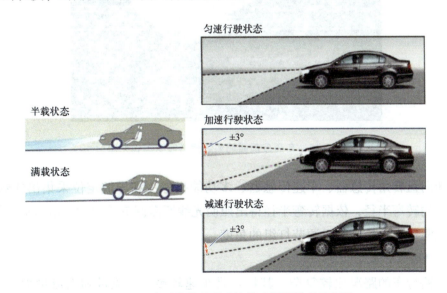

图 4-11　自适应前照明系统基础照明模式示意图

依据车身高度传感器采集出的车辆俯仰角度，计算出光线的照明角度所需调节的角度，由自适应前照明系统控制单元驱动垂向控制电机调节灯组的照明角度。

2. 弯道照明模式（图4-12）

当汽车在弯道内行驶时，车辆是按照弧线行驶的，但照明光线的方向为弧线的切线方向，影响光照效果导致驾驶人无法看到实际行车方向的路面情况，此时需要调整灯光照明角度，优化照明效果，如图4-13所示。

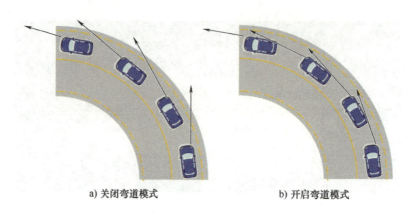

a) 关闭弯道模式　　　　　　　　b) 开启弯道模式

图4-12　自适应前照明系统弯道照明模式示意图

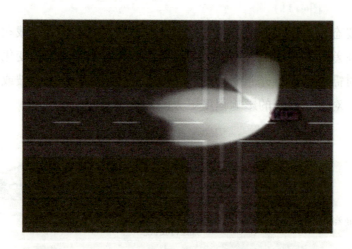

图4-13　自适应前照明系统弯道照明模式光型

依据转向盘转角传感器、车速传感器、多功能摄像头和导航定位采集出的数据信息，推算出车辆的转弯半径，依据转弯半径得出照明光线所需调节的角度，由自适应前照明系统控制单元驱动水平控制电机调节灯组的角度。

3. 城市道路照明模式（图4-14）

城市道路行车的路况比较复杂，其特点是车速较慢、车流量和人流量大、十字路口多，外界照明条件好，驾驶人重点需要获取较近距离内的路况信息，对远处路况信息的需求较少。此工况下应尽量调低灯光照明角度，满足驾驶人对近处灯光照明的需求，还可以减轻对面车辆的眩光效果,进一步提高行车安全性。

依据车速传感器、多功能摄像头和导航定位采集出的车辆数据信息,推算出车辆处于城市行驶工况时,自适应前照明系统控制单元设置为城市道路照明模式。

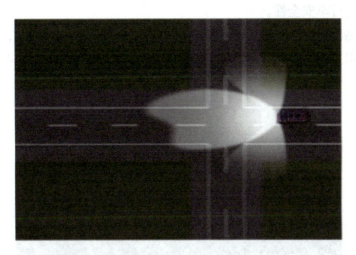

图 4-14　自适应前照明系统城市道路照明模式光型

4. 高速公路照明模式（图 4-15）

高速公路行车的路况较城市路况简单,其特点是车速快和路面状况好,驾驶人重点需要获取较远距离以外的路况信息,对近处路况信息的需求较小,此工况下应尽量调高灯光照明角度,满足驾驶人对远处灯光照明的需求。

依据车速传感器、多功能摄像头和导航定位采集出的车辆数据信息,推算出车辆处于高速公路行驶模拟工况,自适应前照明系统控制单元设置为高速公路照明模式。

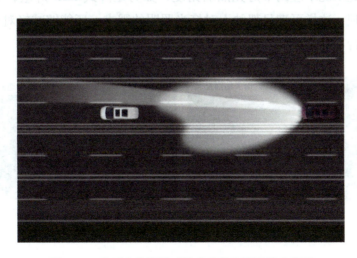

图 4-15　自适应前照明系统高速公路照明模式光型

5. 乡村公路照明模式（图 4-16）

乡村公路行车的路况比较复杂,其特点是车速较慢、车流量和人流量较小,与城市道路相似，但外界照明条件不好且交通构成因素较复杂易出现突发情况。驾驶人重点需要获取较近距离且宽范围内的路况信息，对远处路况信息的需求较少。此工况下应调低灯光照明角度，满足驾驶人对近处灯光照明的需求，还需要增大光照亮度来补充环境照明强度的不足，进一步提高行车安全性。

依据车速传感器、多功能摄像头和导航定位采集出的车辆数据信息，推算出车辆处于乡村公路行驶模拟工况，自适应前照明系统控制单元设置为乡村公路照明模式。

图 4-16　自适应前照明系统乡村公路照明模式光型

6. 雨天照明模式（图 4-17）

雨天环境下路面上会形成水膜，水膜会加强光线在地面上的反射，产生眩光效果，影响驾驶人视野。此工况下应调节灯光照明角度，如为矩阵式 LED 灯组，则可以通过调节灯组亮灭比例实现，这样可满足驾驶人对灯光照明的需求，还能够减轻对向来车的炫目影响，进一步提高行车安全性。

图 4-17　自适应前照明系统雨天照明模式光型

7. 其他照明模式（图 4-18）

由于车辆行驶路况较复杂，相关模式无法一一列举，还包括有无炫目远光效果、泊车照明效果等。

项目四 改善视野类先进驾驶辅助系统的原理及应用

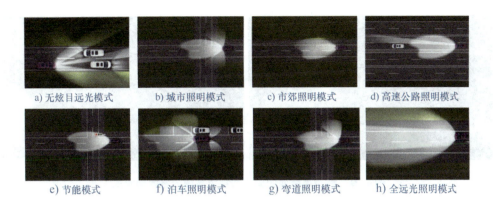

a) 无炫目远光模式　　b) 城市照明模式　　c) 市郊照明模式　　d) 高速公路照明模式

e) 节能模式　　f) 泊车照明模式　　g) 弯道照明模式　　h) 全远光照明模式

图 4-18　自适应前照明系统其他照明模式光型

案例分享

比亚迪汉 EV 车型标配了自适应前照明系统，使这项实用配置得到更广泛的应用。

1. 自适应前照明系统开关

自适应前照明系统开关的位置位于灯光组合开关中，如图 4-19 所示。

2. 自适应前照明系统实际效果

（1）高速公路照明模式切换成城市道路照明模式　当自适应前照明系统识别出有对向来车时，将远光灯切换成近光灯，以降低对向来车的炫目效果，如图 4-20 所示。

图 4-19　自适应前照明系统功能开启开关

图 4-20　高速公路照明模式切换为城市道路照明模式

当自适应前照明系统识别出会车结束后，将近光灯切换成远光灯，以保证更好的照明效果，如图 4-21 所示。

图 4-21　城市道路照明模式切换为高速公路照明模式

（2）基础照明模式切换成弯道照明模式　当自适应前照明系统识别出车辆处于转弯工况时，将基础照明模式切换成弯道照明模式，如图 4-22 所示。

图 4-22　基础照明模式切换为弯道照明模式

当自适应前照明系统识别出车辆处于直行工况时，将弯道照明模式切换成基础照明模式，如图 4-23 所示。

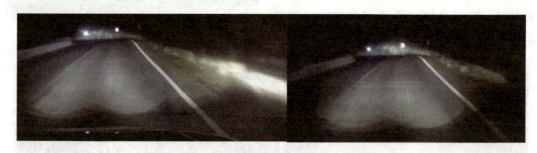

图 4-23　弯道照明模式切换为基础照明模式

矩阵式 LED 前照灯技术

矩阵式 LED 前照灯上设立了多个照明分区，每个分区内的 LED 灯珠都可以在计算机的控制下开启和关闭，并进行亮度调节，从而实现前照灯的自动开闭、自动切换远近光灯、防炫目远光灯、自动调节照射高度等功能，如图 4-24 所示。

项目四 改善视野类先进驾驶辅助系统的原理及应用

图 4-24 矩阵式 LED 前照灯实物图

矩阵式 LED 前照灯由可以单独激活的发光二极管组成光束矩阵,矩阵式 LED 前照灯,就是在 LED 前照灯的基础上,进一步细化对 LED 灯珠的控制,大大提高 LED 前照灯的功能性和拓展性。

全智能矩阵 LED 前照灯的技术亮点是交互式照明控制系统。该系统不仅能够避免会车或近距离跟车给对方车辆造成炫目,也使夜间驾驶更轻松、更安全。

任务二 夜视系统的原理及应用

在照明状态不良且复杂的行驶环境中,仅采用提高照明亮度和自适应前照明系统,无法完全消除其给驾驶人带来的困扰,尤其是行人衣着颜色与环境相近的情况下。夜视系统(Night Vision Device,NVD)利用红外线成像技术,形成前方环境的热敏图像,可以有效地辅助驾驶人在黑夜中看清道路、行人和障碍物等,甚至可以排除烟雾和雨雪等干扰,帮助驾驶人提早察觉危险,有效减少交通事故的发生,如图 4-25 所示。

图 4-25 夜视系统功能示意图

相比于近光灯照射范围，夜视系统由于不受可见光照射范围的影响，其可视范围要比近光灯更广，提高驾驶安全性，如图4-26所示。

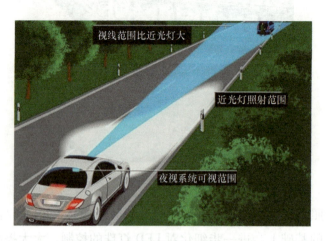

图4-26　夜视系统可视范围示意图

1. 掌握夜视系统的作用
2. 了解夜视系统的组成
3. 了解夜视系统的特点
4. 掌握夜视系统的工作原理
5. 掌握夜视系统的安装技能

一、夜视系统的工作原理

夜视系统的原理是将人们肉眼看不见的红外线转化成为可见光，从而帮助人们看清周边环境。自然界任何物体在绝对零度（-273℃）以上的物体都会以红外线的形式向周围环境中辐射能量，但人类肉眼无法看到，只有当物体的温度达到500℃以上时，才会辐射出可见光，如烧红的铁和发光的灯丝。夜晚由于可见光较暗，导致无法看清，但所有物体仍在辐射红外线，由于人和周边物体的温度不同，辐射的红外线波长也不同，利用这一特性即可对周边环境进行热成像。红外线光谱图如图4-27所示。

夜视系统分为主动式夜视系统和被动式夜视系统，两者的主要差别在于是否具有红外线发射单元，有红外线发射单元为主动式夜视系统。主动式夜视系统通过采集红外线发射单元发射出的红外线反射波，将热成像信息以图像的形式展现给驾驶人，其热成像分别率高，且图像较清晰、可靠，由于不依靠物体的热源，即使不发热的物体，也可以做到清晰可见，而

项目四 改善视野类先进驾驶辅助系统的原理及应用

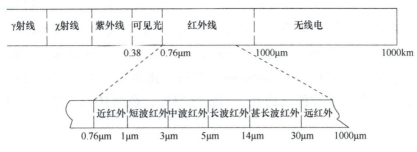

图 4-27 红外线光谱图

被动式夜视系统只是接收物体本身的红外线辐射,导致大部分物体均无法有效识别。

夜视系统由红外发射器(主动式具有)、红外成像传感器、夜视辅助控制单元和成像显示单元(仪表或音响屏幕)等组成。红外发射器用来发射红外线光束,红外成像传感器用于接收物体自身或反射回的红外线并将其转换成电信号,夜视辅助控制单元将电信号转化成热成像图,如热成像图中出现温度接近行人或其他动物的物体,则发出提示信号,提醒驾驶人重点关注,成像显示单元用于显示红外图像,如图 4-28 所示。

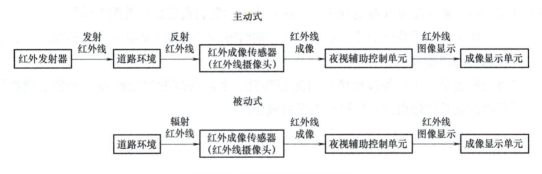

图 4-28 夜视系统工作流程图

红外线摄像头通常由感光芯片、DSP(Digital Signal Processing,数字信号处理)芯片、红外线镜头、红外光发射器、摄像头外壳和线缆等主要部件组成,如图 4-29 所示。

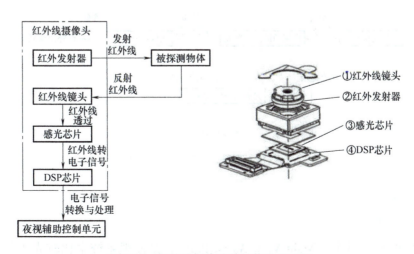

图 4-29 红外线摄像头的结构及原理图

感光芯片是一个红外线摄像头的"眼睛",将红外光转化成电子信号,感光芯片的好坏直接决定着摄像机成像质量,特别是红外摄像机在夜晚光线不足的情况下,显得尤为重要。感光芯片分为CCD(Charge Coupled Device,电荷耦合元件)和CMOS(Complementary Metal-Oxide Semiconductor,金属氧化物半导体元件)两种,见表4-1。在相同像素下,CCD的成像的通透性、明锐度很好、色彩还原、曝光准确,而CMOS较差。

表4-1 感光芯片应用领域与特点

感光芯片	应用领域	特点
CCD	主要应用在摄影、摄像方面的高端技术元件	优点:灵敏度高,噪声小,信噪比大 缺点:生产工艺复杂,成本高,功耗高
CMOS	主要应用在较低影像品质的产品中	优点:集成度高、功耗低(不到CCD的1/3)、成本低 缺点:噪声比较小,灵敏度低,对光源要求高

DSP芯片是一个红外线摄像头的"大脑",它不仅控制红外线信号的采集,还对信号进行频谱分析、数字滤波和智能分析等,DSP功能的强弱直接影响着图像质量。

红外线镜头采用了特殊的光学玻璃材料,同时兼顾了可见光和红外光线的透过率,提升红外摄像头的成像效果。

红外发射器是一个红外线摄像头的光照装置,由红外灯发射出红外光并投射到物体上,反射回的红外线经由红外线摄像头采集成像。

二、夜视系统控制策略(图4-30)

夜视系统依据采集到的红外线图像信息,识别车辆前方是否有行人、动物或车辆等交通参与方,结合车辆行驶数据对风险进行综合判断,最终进行提示或者紧急制动干预。

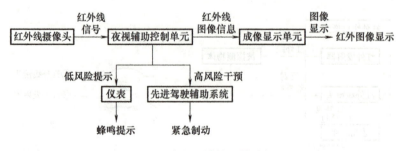

图4-30 夜视系统控制策略框图

奔驰的夜视系统叫作"Night View Assist Plus",是夜视系统中比较先进的,采用主动

式红外线摄像头方案，以奔驰的夜视系统为例进行简单介绍。

1. 夜视系统的结构

（1）红外线发射装置　奔驰的红外线发射装置布置在前照灯总成内侧灯头中，进行红外线的发射，如图 4-31 所示。

图 4-31　夜视系统红外线发射装置布置位置

（2）红外线摄像头　红外线接收摄像头布置在室内灯总成的底座中，用来识别红外线反射波，将识别后的数据转换成影像显示在仪表显示屏上，如图 4-32 所示。

图 4-32　夜视系统红外线摄像头布置位置

2. 夜视系统的使用

夜视系统需在光线较暗的环境下才能使用，必须保证前照灯是开启状态，然后打开仪表台左边的夜视系统功能开关（图 4-33）即可开启功能。夜视系统功能仪表显示信息如图 4-34 所示。

图 4-33　夜视系统功能开关

图 4-34　夜视系统功能仪表显示信息

 任务三　抬头显示系统的原理及应用

情景导入

抬头显示系统（Head Up Display，HUD）最先应用在战斗机上，将飞行信息实时投射在飞行员前方的玻璃面板上，帮助飞行员在视线不离开飞行路径的前提下了解飞机的飞行状态，提高飞行质量和飞行安全，如图 4-35 所示。

随着汽车功能越来越多，仪表和中控显示屏中涵盖的信息越来越多，导致驾驶人经常需要将视线转移来获取信息，增加了行车危险性，抬头显示系统可进一步改善此问题，有效减少交通事故的发生，如

图 4-35　战斗机机载抬头显示系统实物图

项目四 改善视野类先进驾驶辅助系统的原理及应用

图 4-36 所示。

图 4-36 车载抬头显示系统实物图

1. 掌握抬头显示系统的作用
2. 了解抬头显示系统的组成
3. 了解抬头显示系统的特点
4. 掌握抬头显示系统的工作原理
5. 掌握抬头显示系统的安装技能

一、抬头显示系统的工作原理

抬头显示系统是利用光学反射原理,将汽车行驶信息、导航信息和先进驾驶辅助系统信息等以投影的方式显示在前风窗玻璃上或反光片上,使驾驶人无须转移目光即可获取车辆信息,缩短驾驶人视线转移出驾驶方向的时间,有助于降低交通事故的发生概率。

抬头显示系统分为组合型抬头显示系统(C-HUD,Combiner HUD)和前风窗玻璃型抬头显示系统(W-HUD,Windshield HUD),两者的主要差别在于成像器不同,C-HUD自带成像器,具有结构简单、体积小、成本低和显示内容少等特点,如图 4-37 所示;而 W-HUD 利用前风窗玻璃作为成像器,需在前风窗玻璃上增加防止"叠影"的楔形膜夹层,具有视场角大、显示内容多、体积大和成本高等特点,如图 4-38 所示。

抬头显示系统由图像源、光学系统和成像器组成,如图 4-39 所示。红外发射器用来发射红外线光束,图像源一般采用液晶显示屏,用来形成最原始的图像;光学系统通过多镜面反射将图像源中的图像信息投射出去,并且可以调节投射图像的大小、焦点、位置和纠偏等功能;成像器一般在前风窗玻璃上或单独反射屏,在不遮挡驾驶人视线的前提下,将投影信息和前方路况融合在一起。

图 4-37　C-HUD 实物示意图

图 4-38　W-HUD 实物示意图

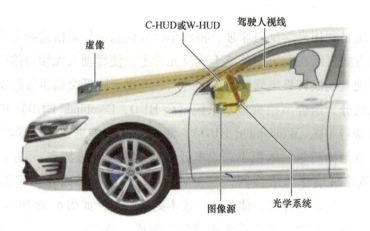

图 4-39　抬头显示系统的组成

当投影介质中无楔形镀膜时,投影介质的两个反射面的反射光 1 和反射光 2 近似为平行光,在人眼中会形成两个虚像,最终导致叠影现象,如图 4-40a 所示。

当投影介质中有楔形镀膜时,投影介质的两个反射面的反射光 1 和反射光 2 将交于一点,在人眼中会形成一个虚像,成像清晰,如图 4-40b 所示。

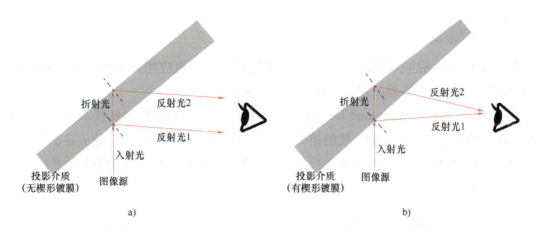

图 4-40　楔形镀膜成像原理图

楔形镀膜对成像效果改善示意图如图 4-41 所示。抬头显示系统功能框图如图 4-42 所示。

图 4-41　楔形镀膜对成像效果改善示意图

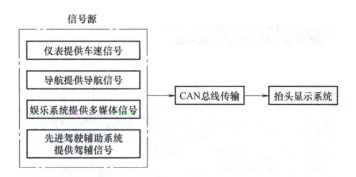

图 4-42　抬头显示系统功能框图

二、抬头显示系统控制策略

抬头显示系统通过 CAN 总线传输,收集需显示的信息,并将车辆行驶信息、驾辅信息和多媒体信息等显示在成像器上。

随着技术和市场的不断发展，抬头显示系统技术从飞机应用到车载应用，从 C-HUD 到 W-HUD，现在已经有越来越多的汽车装备此项配置。

随着近些年 AR（Augmented Reality，增强现实）技术的兴起，AR 技术与抬头显示系统技术深度融合后，产生了新一代的抬头显示系统形态，即 AR-HUD，抬头显示系统中显示的内容可以融合实际的路况场景进行显示，更加形象生动，代表了抬头显示系统的未来发展方向，如图 4-43 所示。

图 4-43　AR-HUD 功能示意图

1. 智能领航限距功能信息显示

将限距信息与实车场景结合，更直观清晰地提示驾驶人车辆行驶状态，如图 4-44 所示。

图 4-44　限距信息投影效果图

2. 车道保持功能信息显示

将车道线信息与实际前方路况场景结合，更直观清晰地提示驾驶人车辆行驶状态，如

图 4-45 所示。

图 4-45　车道线信息投影效果图

3. 导航信息显示

将车导航信息与实际前方路况场景结合，更直观清晰地提示驾驶人车辆行驶状态，如图 4-46 和图 4-47 所示。

图 4-46　导航信息（转弯）投影效果图

图 4-47　导航信息（目的地）投影效果图

目前抬头显示系统在发展中存在以下一些问题:

1)多场景(白天和夜晚)下抬头显示系统的图像质量问题(亮度、颜色、清晰度、对比度、重影等)。

2)抬头显示系统需要针对不同车型的风窗玻璃进行匹配设计。

3)各种车辆信息及软硬件集成设计,让界面一目了然,并控制好硬件体积,是一大难点。

4)抬头显示系统需要准确识别图像信息,如车标、人、红绿灯和场景等。里面信息数据采集的延时将直接影响虚拟与现实的结合准确度。

5)视场角与虚拟成像距离和图像大小的呈现,需要频繁地调整角度,会让人觉得疲劳。

6)抬头显示系统在设计上,由于虚拟和现实结合,且都是动态的,一旦成像效果无法被固定和匹配,驾驶人需分辨真实和虚拟动画,会不会产生眩晕,且是否会影响驾驶人注意力。

任务四　全景泊车系统的原理及应用

驾驶人通过向前透过前风窗玻璃观察行进方向路况,通过内后视镜观察车辆后方路况,通过外后视镜观察侧后方路况,但由于车辆本身的空间遮挡,会存在视野盲区:在车辆转弯过程中,转弯方向上的视线会被A柱遮挡,造成视野盲区;侧后方来车也存在视野盲区,如图4-48所示。由于这些视野盲区的存在,导致交通事故频发。尤其是车辆泊车入位时,由于障碍物距离车辆较近,已进入视野盲区,常会导致车辆剐蹭事故。

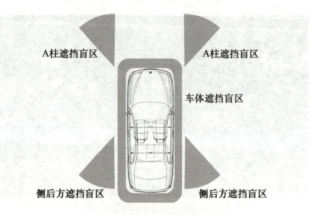

图4-48　车辆主要视野盲区示意图

项目四　改善视野类先进驾驶辅助系统的原理及应用

全景泊车系统的出现填补视野盲区的存在，通过在车辆的4个方向加装摄像头，给驾驶人提供了更加完备的视野，如图4-49所示。

图4-49　全景泊车系统功能界面示意图

1. 掌握全景泊车系统的作用
2. 了解全景泊车系统的组成
3. 了解全景泊车系统的特点
4. 掌握全景泊车系统的工作原理
5. 掌握全景泊车系统的安装技能

一、全景泊车系统的工作原理

全景泊车系统一般包含4个广角摄像头和1个全景泊车控制单元（图4-50），摄像头分布在车辆的前、后、左、右4个方向，以覆盖车辆周边所有视场范围，对同一时刻采集到的多路视频影像进行畸变校正和拼接处理，使之成为一幅车辆周边360°的车身俯视图，最终在中控台的多功能屏幕上显示，让驾驶人清楚查看并了解到车辆周边是否存在障碍物，同时对障碍物的相对方位和距离做出判断，避免擦碰并能轻松完成泊车操作。

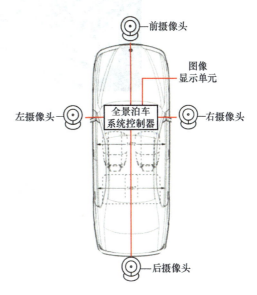

图4-50　全景泊车系统的结构示意图

前摄像头布置在进气格栅附近,后摄像头布置在后牌照板附近,左右两个摄像头布置在左右外后视镜内。

全景泊车系统常用的使用场景如下:

1) 车速小于10km/h 或者倒车时。

2) 狭窄拥挤路段,如高速、闹市等,看清周边环境,以选择行车路线。

3) 转弯盲区和陡坡前视,如野外、转弯、十字路口,此时可扩展驾驶人的观测视野。

为了实现上述场景的控制策略,全景泊车系统需要获取倒档信号、车速信号和模式切换信号。

二、全景泊车图像算法原理

成本和布置空间受限时,全景泊车普遍应用4个摄像头,为了最大限度地获取车辆周边的影像,摄像头采用的是视场角大于180°的鱼眼镜头,在扩大了视野范围的同时,带来了较大的畸变(图4-51),所以需要对原始图像进行畸变校正,再进行无缝拼接,最终给驾驶人呈现出正常的图片影像,如图4-52 所示。

图4-51 鱼眼镜头图像畸变现象

图4-52 全景泊车系统图像处理模式

畸变校正是利用鱼眼镜头的焦距与畸变程度的对应关系进行的畸变校正和优化补偿,

校正的流程图如图 4-53 所示。

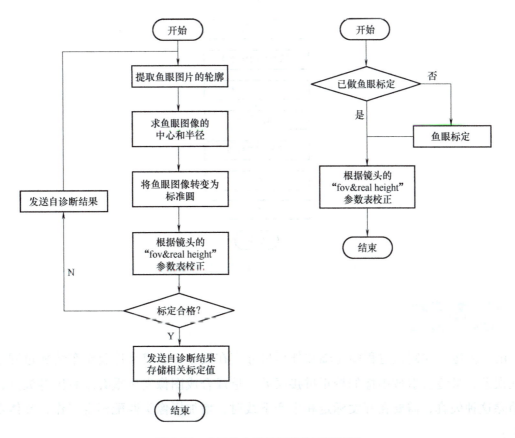

图 4-53 全景泊车系统图像校正流程图

图像拼接包括以下 3 个步骤：

1）均衡化处理。4 路输入图像在亮度和色度上存在较大的差异，在均衡化处理阶段，全景泊车系统控制器控制视频解码器自适应图像的亮度和色度数据路径的滤波，以减少交叉亮度和交叉色度伪像，同时提供色度陷波器。

2）变换模型描述了不同图像像素坐标之间的变换关系，把 4 路图像分置于整幅画面既定的 4 个角。

3）图像匹配与融合，通过在地面上标记的棋盘格模板，将棋盘格角点作为特征点，把去畸变校正后的图像的特征点变换投影到全景视图上的特征点显示位置（详见标定部分）。在车身前后左右各标记一个棋盘格模板，对 4 个摄像头分别进行投影关系的估计。

通过对特征点的匹配，利用对应点关系获得图像之间的变换关系，对这些关系做全局优化，寻找一组全局最优的参数，使得图像之间的对齐误差降到最低。在图像融合过程中，寻找一个合成参考面，确定合成图像的每一个像素来源，并通过像素融合来减少拼接缝隙、模糊等不良效果。

全景泊车系统图像处理流程图如图 4-54 所示。

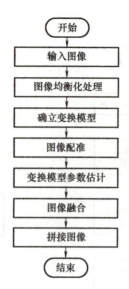

图 4-54 全景泊车系统图像处理流程图

由于摄像头在制造过程中光轴和外形尺寸存在误差,总成零件及整车装配过程中也存在误差,最终会造成图像的校正拼接误差,造成合成图像发生重叠或盲区等失真,为了消除这种失真,需要在开发标定和生产下线时,增加摄像头匹配标定工作,具体步骤如下:

1. 全景泊车系统的安装

(1) 前后摄像头　前摄像头安装在进气格栅附近,一般在车标的下方;后摄像头安装在牌照板灯的附近,一般在牌照板上方,如图 4-55 所示。

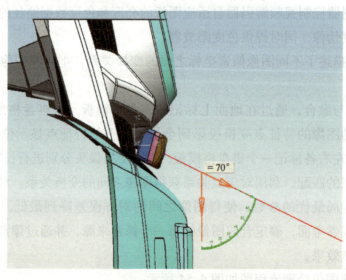

图 4-55 前摄像头布置方案

项目四　改善视野类先进驾驶辅助系统的原理及应用

前后摄像头的安装参数相同，对摄像头的安装高度和安装角度有相关要求，安装高度要尽量高，以俯视的角度安装，具体安装参数见表4-2。

表 4-2　前后摄像头参数要求

	项目	参数要求
前后摄像头	安装高度	>40cm
	安装角度	45°~75°

（2）左右摄像头　左右摄像头安装在外后视镜的底部，方向朝下，如图4-56所示。

图 4-56　左右摄像头布置方案

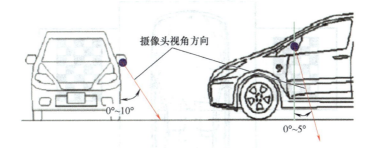

图 4-57　左右摄像头布置要求

左右摄像头的安装参数相同，对摄像头的安装角度和与车身的距离有相关要求（图4-57），安装角度尽量朝向车辆外侧，具体安装参数见表4-3。

表 4-3　左右摄像头参数要求

	参数	参数要求
左右摄像头	向后旋转角度	0°~5°
	向外旋转角度	0°~10°
	与车身距离	>10cm

（3）全景泊车系统控制器　全景泊车系统控制器以螺栓连接的形式固定在车身上，以实际车辆情况为准，如图4-58所示。

图 4-58　全景泊车系统控制器实物图

2. 摄像头标定

（1）车位准备　首先准备一个与车型长宽匹配的内框图，内框四边各加入一个 35 格的黑白棋盘格（具体尺寸需根据车尺寸确定），如图 4-59 所示。

根据车型尺寸，制作合适的标定面积。

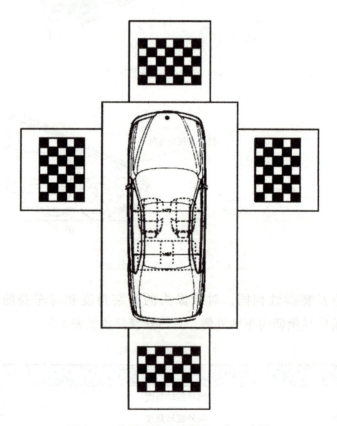

图 4-59　全景泊车系统标定工位示意图

（2）标定要求

1）要求地面不能反光，整个标定工位光线需均匀。

2）在标定之前要确定要标定的车辆停在内框图内，必要时需制作固定工装，以保证标定结果。

（3）标定流程　进入标定模式的触发条件：车辆行驶至图4-59所示的标定车位中，通过车辆的OBD口发送标定指令，全景泊车系统控制器收到指令后会进入标定模式，首先判断车辆是否在标定车位，如不符合标定条件，则会提示"摄像头检测失败！"，并退出标定模式。如车辆在标定车位，6s内自动完成标定，标定完成后系统自动退出标定模式，返回正常工作模式，标定工作完成。

1. 图像畸变校正技术原理

图像畸变是指成像过程中所产生的图像像元的几何位置相对参照系（地面实际位置或地形图）发生的挤压、伸展、偏移和扭曲等变形，使图像的几何位置、尺寸、形状和方位等发生改变。

为了提高平面图像测量的精度，必须对图像畸变进行校正。但利用光学方法校正畸变需要复杂的光学系统，不但使设计难度加大，而且给制造工艺也带来一定的难度，增加了光学系统的制造成本。因此，目前普遍采用数字图像技术校正平面图像畸变的方法。

全景影像系统的图像畸变校正采用基于现场标定方式，在图像采集和测量中，用已知的标准图案置于被测景物旁边，采集一幅含该标准定标图案的图像并计算该标准定标图案的图像像元数。由于标准图案的实际尺寸为已知，故可算出在该位置处的定标系数（即每个像元的长度当量和面积当量）。利用标准定标块的长度和宽度是一个不变量作为比较判据对图像进行畸变校正。

2. 图像拼接技术原理

图像拼接技术主要分为3个主要步骤：图像预处理、图像配准、图像融合与边界平滑。图像预处理主要指对图像进行几何畸变校正和噪声点的抑制等，让参考图像和待拼接图像不存在明显的几何畸变。在图像质量不理想的情况下进行图像拼接，如果不经过图像预处理，很容易造成一些误匹配。图像预处理主要是为下一步图像配准做准备，让图像质量能够满足图像配准的要求。图像配准主要指对参考图像和待拼接图像中的匹配信息进行提取，在提取出的信息中寻找最佳的匹配，完成图像间的对齐。图像拼接的成功与否主要是图像的配准。待拼接的图像之间，可能存在平移、旋转和缩放等多种变换或者大面积的同色区域等很难匹配的情况，一个好的图像配准算法应该能够在各种情况下准确找到图像间的对应信息，将图像对齐。图像融合指在完成图像匹配以后，对图像进行缝合，并对缝合的边界进行平滑处理，让缝合自然过渡。由于任何两幅相邻图像在采集条件上都不可能做到完全相同，因此，对于一些本应该相同的图像特性，如图像的光照特性等，在两幅图像中就不会表现得完全一样。图像拼接缝隙就是从一幅图像的图像区域过渡到另一幅图像的图像区域时，由于图像中的某些相关特性发生了跃变而产生的。图像融合就是为了让图像间的拼接缝隙不明显，拼接更自然。

1. 自适应前照明系统基于光线传感器、毫米波雷达和车速传感器等多种传感器获取的车辆本身和行驶环境的状态信息，并进行综合判断，决策采用对应的照明模式，改善驾驶人视野质量，最终降低交通事故的发生率。

2. 夜视系统不依赖周围环境的光照质量，利用红外线成像技术让驾驶人在无光照条件下依然可以看清路况，夜视系统是自适应前照明系统的补充。

3. 抬头显示系统实现了视线不离开车辆行驶路径的前提下了解车辆行驶状态，有效降低由于视线转移导致的交通事故。

4. 全景泊车系统通过在车辆四周布置摄像头，覆盖驾驶人视野盲区，提供全景视角，让驾驶人了解车辆周边路况信息，有效降低由于视野盲区导致的交通和剐蹭事故。

一、选择题

1. 自适应前照明系统主要是通过调节（　　）来实现其功能的。
A. 车身高度　　　　B. 灯光照明　　　　C. 车速　　　　D. 档位

2. 自适应前照明系统调整灯光照明模式的最终目的是（　　）。
A. 提高照明质量，减少视野盲区　　　　B. 降低照明系统功耗
C. 提高光线柔和度　　　　D. 修正光照形状

3. 夜视系统可以识别夜晚环境下物体的（　　）。
A. 颜色　　　　B. 热辐射　　　　C. 材料　　　　D. 运动速度

4. 抬头显示系统是利用光的（　　）原理制成的。
A. 衍射　　　　B. 反射　　　　C. 散射　　　　D. 直线传播

5. 全景泊车系统的左右摄像头一般布置在（　　）。
A. 内后视镜　　　　B. 前保险杠　　　　C. 外后视镜　　　　D. 后保险杠

二、填空题

1. 自适应前照明系统主要采集_____、_____、_____、_____和_____等信号。

2. 夜视系统分为_____夜视系统和_____夜视系统，最主要的区别是_____。

3. 抬头显示系统由_____、_____和_____组成。

4. 全景泊车系统的图像处理模式包括_____和_____。

5. 全景泊车系统在车辆下线前需要进行_____。

三、思考题

1. 简述自适应前照明系统的工作原理。
2. 简述红外线成像的其他应用。
3. 抬头显示系统的显示内容是否越丰富越好？
4. 简述全景泊车系统的组成。
5. 简述全景泊车系统的常见使用场景。

参 考 文 献

[1] 李克强，戴一凡，李升波，等. 智能网联汽车（ICV）技术的发展现状及趋势［J］. 汽车安全与节能学报，2017（1）：1-14.

[2] 辛业华. 先进汽车辅助驾驶系统（ADAS）发展现状及前景［J］. 内燃机与配件，2019（19）：192-194.

[3] 侯长征. 基于视觉的车道线检测技术研究［D］. 成都：西南交通大学，2017.

[4] 李雅琪. 智能网联汽车的六大发展趋势［N］. 新能源汽车报，2021-06-07（4）.

[5] 李雅琪. 智能网联汽车发展趋势［N］. 中国信息化周报，2021-06-07（26）.

[6] 高新宇，刘璐，丁田妹. 智能网联汽车技术与标准发展研究［J］. 内燃机与配件，2020（17）：174-175.

[7] 薛亮，冷粤，郭刚. 分析智能网联汽车技术和标准发展［J］. 时代汽车，2019（19）：109-110.

[8] 梁伟强，洪福斌. ADAS技术与市场现状综述［J］. 科技与创新，2021（7）：6-9、13.

[9] 李妙然，邹德伟，等. 智能网联汽车技术概论［M］. 北京：机械工业出版社，2016.

[10] 陈颖. 自动驾驶技术研究现状及发展趋势［J］. 能源技术与管理，2021，46（3）：34-37.

[11] 何班本，文翙，李瑞翩. 高级驾驶辅助系统传感器布置策略研究［J］. 汽车文摘，2021（6）：50-55.

[12] 刘文. 智能汽车辅助驾驶技术分析［J］. 汽车实用技术，2021，46（2）：35-37.

[13] 高小静. 自适应前照明系统的研究［D］. 北京：北京理工大学，2016.

[14] 杨茂华. 浅谈HUD（抬头＆平视显示）整车布置设计思路及系统解决方案［J］. 时代汽车，2020（10）：103-104.

[15] 李博. 泊车系统全景图拼接算法的设计与实现［D］. 安徽. 合肥工业大学，2020.